Revue GestEcoDroit

Année 2023

Volume 4

Numéro 4

DIRECTEUR DE PUBLICATION
Clotaire MOULOUNGUI

DIDACTIJURIS et Clotaire MOULOUNGUI
6, square du capitaine Guynemer
59960 Neuville-en-Ferrain
Didactijuris@yahoo.com

ISBN : 978-2-487740-16-7
EAN : 9782487740167

Articles de ce volume 4

Plan et pagination des articles

LE PROFILAGE DES CANDIDATS SUR LA BASE DE LEUR ASSIDUITÉ

Clotaire MOULOUNGUI
Maître de conférences hors classe à l'ULCO (académie de Lille)
Ancien Chef du Département Gestion des Entreprises et des Administrations
Responsable de la licence professionnelle Métiers de la Gestion et du Social

Résumé : Lors de son recrutement, tout travailleur est normalement soumis à des séries de questions ; des questions grâce auxquelles le futur employeur s'assurera de l'adaptation de l'intéressé au poste de travail vacant. Encore que certains employeurs s'économisent cet effort par préjugé sur : le nom du candidat, son quartier, ou son apparence physique. Leur idée sera ainsi donc arrêtée d'avance.

Mots clefs : Sélection ; discrimination ; état de santé ; profil d'assiduité

Abstract During recruitment, every employee is normally asked a series of questions; questions that will allow the future employer to ensure the candidate's suitability for the vacant position. However, some employers save themselves this effort by prejudging the candidate's name, neighborhood, or physical appearance. This will predetermine their decision.

Keywords: Selection; discrimination; health status; attendance profile

1. – Le profil d'inassiduité issu d'une présomption ou d'une enquête sur la recrue.

Lors de son recrutement, tout travailleur est normalement soumis à des séries de questions ; des questions grâce auxquelles le futur employeur s'assurera de l'adaptation de l'intéressé au poste de travail vacant. Encore que certains employeurs s'économisent cet effort par préjugé sur : le nom du candidat, son quartier, ou son apparence physique. Leur idée sera ainsi donc arrêtée d'avance.

N'empêche que l'absentéisme futur ne semble pas faire de doute lorsque l'on a affaire à une personne malade ou maladive, ou enceinte, ou chargée d'enfants en bas âge. C'est une idée préconçue ; dans l'esprit du recruteur, la quête du ''*mouton à cinq pattes*'' le disputera à la hantise d'un ''*mouton noir*''.

Sauf que la loi condamne une telle démarche précautionneuse et sa conclusion défavorable au recrutement des candidats. La législation n'approuve pas davantage la réalisation d'enquêtes clandestines sur les intéressés.

A. – La présomption d'absentéisme futur chez certaines personnes

2. – Le penchant des employeurs mêmes publics à présumer l'indisponibilité des personnes maladives.

Un recruteur pourrait songer à prendre des mesures (anticipées), dont il espérera qu'elles lui éviteront de s'entourer de personnels potentiellement absentéistes (1).

---

1) Dans une affaire, la cour d'appel de Chambéry (1er mars 2001) avait répondu à un salarié que son « *absence injustifiée du 11 avril et le refus de se conformer aux consignes données le 22 avril par l'employeur, alors surtout que son attention avait été particulièrement attirée sur l'importance de sa présence le samedi, [constituaient] une faute grave justifiant la rupture anticipée de son contrat de travail à durée déterminée* ». En l'espèce, l'employeur lui avait demandé de venir occuper son poste de travail le 9 mai. Or, une semaine avant (le 28 avril), il avait répondu par écrit qu'il n'y serait pas. Dès lors, sachant que ce salarié ne viendrait pas le jour dit, l'employeur le licencia le lendemain (soit le 29 avril). Ce fut pour « *absence non autorisée réitérée, refus d'exécuter les consignes strictes et perte totale et définitive de toute confiance* ». Et pourtant, la Cour de cassation (18 février 2004) a considéré comme étant illégale cette sanction

Le secteur privé semble autorisé à prendre certaines précautions à propos de la santé des futurs salariés ; mais surtout pour leur bien et celui de leurs collègues (11).

Le strict respect tant de la vie privée que du secret médical empêche normalement l'employeur d'être au courant des pathologies à prendre en considération dans l'intérêt du salarié. Par exemple si l'employeur ne sait pas qu'une femme est en grossesse, il ne pourra spontanément la soustraire à certaines tâches ; ne serait-ce que celles indiquées par le législateur.

De même, l'employeur ignorant l'épilepsie ou la narcolepsie d'un salarié risquera innocemment de l'affecter à un poste de travail dangereux. Or, l'une et l'autre pathologie entraînent de temps en temps une perte subite de connaissance. Le salarié pourrait alors se retrouver sous une scie ou dans une broyeuse.

6. – La discrimination envisageable à l'égard des candidats à certaines professions.

Dans un ARRÊT WOLF, la CJUE (12 janvier 2010) aura admis l'exclusion de candidats vieux aux fonctions de sapeurs pompiers (12). Une

---

Revue économique, Vol. 62, No. 3, développements récent de l'analyse économique : LVIXe congrès annuel de l'Association française de science économique, 2010 (Mai 2011), pp. 419-427, Sciences Po University Press, https://www.jstor.org/stable/27975875.

11) Code du travail, article L4624-2 et R4624-22 et suivants. Outre la préconisation d'un examen médical d'aptitude grâce auquel s'assurer de la compatibilité de l'état de santé du travailleur avec le poste à occuper, ce Code prévoit le suivi individuel renforcé de l'état de santé de tout occupant d'un poste dangereux pour lui-même et/ou dangereux pour autrui. .

12) CJUE, 12 janv.2010, aff. C-229/08, Wolf. En l'espèce, un allemand avait eu sa vocation pour la lutte contre le feu et pour l'aide à autrui une fois qu'il était déjà bien installé dans la vie (ou était dans un âge où l'on devrait tous l'être : quadragénaire).

commentatrice de l'arrêt comprend la solution (13). Selon elle, aussi bien la médecine du travail que la médecine du sport constatent et révèlent que, en sens inverse de l'augmentation de l'âge, il y a chez tout individu une baisse de la force, de la résistance et du souffle. De sorte que devenir pompier pour lutter contre les incendies devient généralement hors de portée d'une personne de plus de 45 ans.

L'exigence de jeunesse est certes moins absolue si la personne à recruter devait se consacrer aux secours (14). Or, même en l'occurrence, l'âge de 50 ans semble prohibitif. Bien sûr, une unité de sapeurs pompiers composée de sexagénaires rendrait parfois des services remarquables. Mais, non seulement son taux d'absentéisme pour maladie serait certainement élevé, bien médiocre apparaitront probablement son taux d'efficacité.

La discrimination au travail n'est pas pour autant un modèle ; y compris aux USA, pays de l'ultralibéralisme (15). Libre est la rupture du lien juridique entre l'employeur et le salarié, à l'initiative de l'un ou de l'autre (16).

---

13) Sylvaine LAULOM, Non-discrimination en fonction de l'âge : un principe général du droit de l'UE, Semaine sociale Lamy, 8 février 2010, n°1432 ; http://www.wk-rh.fr/actualites/upload/SSL1432_non_discrimination.pdf.

14) On peut aussi ajouter que : « *la discrimination fondée sur l'âge exige du juge, de par sa nature ambivalente, un effort considérable d'appréciation et de contrôle, susceptible de rendre le traitement judiciaire particulièrement long* » (Dimitra PALLANTZA, La discrimination fondée sur l'âge, une discrimination unique en son genre !, Cah. soc. janv. 2014, n° 112f6, p. 21).

15) « *En cette matière, les États-Unis se sont dotés d'un arsenal législatif dès avant la seconde guerre mondiale. [...]. Plus tard viendront l'Age Discrimination in Employment Act en 1967 luttant contre les discriminations à raison de l'âge du salarié, [...]* ». (Nicolas MONACHON-DUCHÊNE, La lutte contre la discrimination au travail : le modèle américain, La Semaine Juridique Edition Générale n° 14, 1er Avril 2013, 363).

16) Idem.

7. – L'illicéité du refus d'une recrue maladive par crainte de l'absentéisme potentiel.

La juridiction communautaire condamne la considération du physique de la recrue, tout au moins si des contraintes professionnelles ne le justifient. Autrement dit, le recruteur soucieux des absences inhérentes à la vieillesse ou à la maladie du salarié raisonnera toujours dans le cadre ainsi délimité.

Par exemple, le 6 septembre 1993, le directeur du centre hospitalier général de Bourges a rejeté la candidature d'un certain Albert Theveneau. L'intéressé était candidat aux fonctions d'agent de service intérieur sur un poste de manutentionnaire. Refus de recrutement fondé sur l'inaptitude physique et sur de nombreuses absences en cours de stage (17).

Le problème est que, selon l'avis du comité médical départemental, le candidat était apte, sans la moindre restriction. Le rejet de la candidature pour inaptitude était donc une appréciation erronée des faits. Et, lit-on par ailleurs dans l'arrêt correspondant : *« les absences qui lui sont reprochées étaient liées aux problèmes de santé qu'il avait connus lors de son stage et qui avaient cessé à la date de la décision contestée ».*

Ce second motif, tiré de l'absentéisme de l'intéressé, n'était pas non plus de nature à fermer au candidat l'entrée dans un corps d'agents publics. Dès lors, le tribunal administratif d'Orléans (6 septembre 1993) a annulé la décision expressive de la crainte de l'absentéisme

17) L'homme de la rue soutient volontiers que le stagiaire est agréable et compétent, dans l'attente du moment de la titularisation, lequel lui permettrait hélas de se relâcher. Mais, il n'est pas toujours facile de cacher sa vraie nature. Cour administrative d'appel de Douai 8 juillet 2021, Contrôle du juge sur l'avis émis par le jury académique sur la titularisation d'un professeur stagiaire, AJFP 2021. 320 ; Alexis ZARCA, Le CRPA et les vicissitudes du contradictoire : à propos du licenciement en fin de stage, AJFP 2022. 49.

futur. La cour administrative d'appel de Nantes (24 avril 1997) a confirmé ce jugement orléanais (18).

8. – La protection des femmes en grossesse contre la discrimination liée à leur absentéisme probable.

Une règle communautaire interdit à l'employeur de prendre la précaution de refuser des personnes dont il aurait le sentiment que leur état de santé les amènera à parfois s'absenter. C'est une règle de non-discrimination directe ou indirecte bienvenue même en France le pays de l'égalité (19).

Or quoique la grossesse ne soit pas une maladie, elle oblige les femmes concernées à des visites médicales et à des soins particuliers ; son poste de travail et ses missions doivent par ailleurs être repensés (20). Première question : un employeur peut-il s'interdire de

---

18) Cour administrative d'appel de Nantes, 24 avril 1997, Centre hospitalier général de Bourges, *AJFP* 1997 p.41.

19) La non-discrimination renvoie certainement à l'égalité. Or la création et le fonctionnement des institutions françaises semblent guidés par ce principe. Il n'empêche que l'égalité ne concerne que les personnes qui sont dans la même situation de fait. Le législateur a ainsi pu écarter les femmes du vote jusqu'à La Libération. Il avait aussi pu créer deux collèges électoraux dans les colonies françaises d'Afrique ou d'Asie, pour que les blancs en sous nombre dans ces colonies disposent quand même de députés et de sénateurs à Paris ; à l'instar des peuples colonisés qui, sous la Quatrième République, auront désormais eu de représentants au Palais Bourbon et au Palais du Luxembourg.

20) « *La grossesse se traduit par une fragilité (efforts physiques) et vulnérabilité accrue (baisse d'immunité) pour la future mère et de plus, certaines expositions toxiques peuvent nuire au fœtus ou contaminer l'enfant par l'allaitement : aussi, des textes réglementaires prévoient des dispositions particulières afin d'assurer la protection des femmes en état de procréer ou de grossesse. Les femmes enceintes ou allaitantes doivent impérativement être soustraites à l'exposition d'agents avérés toxiques pour la reproduction, et, par conséquent, ne peuvent être affectées ou maintenues à des postes de travail qui les y exposent. Par ailleurs, le médecin du travail doit exercer*

recruter des femmes en âge de procréer, au motif qu'elles tomberont peut-être en grossesse et s'arrêteront donc de travailler pendant des semaines, tant avant qu'après l'accouchement ? La réponse est négative. Deuxième question : l'employeur qui voudrait bien recruter des femmes, peut-il d'avance exclure les candidates en grossesse, au cas où le poste à pourvoir serait de ceux où la loi interdit d'employer une femme dans cet état ? La réponse est également négative (21). L'employeur devra dès lors supporter économiquement le risque d'absentéisme inhérent à la grossesse de sa nouvelle salariée. La Cour de Justice de l'Union Européenne (CJUE alors CJCE) avait clairement répondu à ces questions à la fin du siècle dernier. Dans l'AFFAIRE MAHLBURG, elle avait jugé que : *« un refus d'engagement pour cause de grossesse ne peut être justifié par des motifs tirés du préjudice financier subi par l'employeur en cas d'engagement d'une femme enceinte, pendant la durée de son congé de maternité. La même conclusion s'impose à l'égard du préjudice financier causé par le fait que la femme engagée ne puisse occuper, pendant la durée de sa grossesse, le poste concerné »* (22). Il est illégal pour l'employeur d'obtenir de la femme en grossesse qu'elle préfère le travail au congé de maternité.

---

une surveillance médicale renforcée pour les femmes enceintes, et peut demander l'adaptation des horaires, des aménagements de poste… exigés par leur état de santé » (https://www.officiel-prevention.com/dossier/formation/fiches-metier/la-prevention-des-risques-professionnels-specifiques-aux-femmes-217).

21) Sandrine MAILLARD-PINON, Maternité, *Répertoire de droit du travail*, octobre 2012, n° 26.

22) CJCE 3 février 2000, Mahlburg, pt 29 ; https://eur-lex.europa.eu/legal-content/FR/ALL/?uri=CELEX%3A61998CJ0207. Voici le dispositif même de cet arrêt : « *[…] s'oppose au refus d'engager une femme enceinte pour un emploi à durée indéterminée au motif qu'une interdiction légale de travail attachée à cet état fait obstacle, pour la durée de sa grossesse, à ce qu'elle occupe, dès le départ, ledit emploi* ».

9. – L'interdiction aux employeurs de se fonder sur l'absentéisme inhérent à la maternité.

Dix ans plus tôt, dans son ARRÊT DEKKER (8 novembre 1990), la CJCE (désormais CJUE) avait déjà répondu, plus ou moins pareillement que ci-dessus ; dans ses points 1 et 3.

Voici ce que proclamait le premier de ces points : *« Un employeur agit directement en violation du principe d'égalité de traitement [professionnel entre les femmes et les hommes], s'il refuse de conclure un contrat de travail avec une candidate qu'il avait jugée apte à exercer l'activité concernée, lorsque ce refus d'engagement est fondé sur les conséquences possibles, dommageables pour l'employeur, de l'engagement d'une femme enceinte, et résultant des règles qui, édictées par les autorités publiques en matière d'incapacité de travail, assimilent l'empêchement d'exercer une activité pour cause de grossesse et d'accouchement à l'empêchement d'exercer une activité pour cause de maladie ».*

La conduite à tenir par l'employeur paraît être la suivante : l'absentéisme (féminin) inhérent à la maternité ne doit jamais entrer en ligne de compte dans les réflexions du recruteur. Encore que celui-ci puisse être tenté de s'abriter derrières les questions d'application directe ou non des directives en cause. Il apparaît en effet qu'une directive n'est applicable aux justiciables que si leur État de résidence l'a transposée dans son droit national (23).

---

23) Christian PHILIP, Transposer les directives communautaires plus vite et mieux, *AJDA* 2003. 1841. La France avait la réputation d'y procéder avec retard ; mais (peut-être pour se rattraper) en prévoyant alors des dispositions beaucoup plus rigoureuses que celles suggérées par la directive. « *Ce phénomène, souvent dénoncé, est en réalité moins important que ce qui avait pu être envisagé et correspond dans la majorité des cas à un choix politique assumé* » (Pierre JANUEL, Pour le gouvernement, il n'y a pas de problème de surtransposition, *DA* 16 mars 2022). Telle est la réponse du Gouvernement au Parlement, soucieux du zèle de la France dans l'adoption de normes toujours plus strictes que celles recommandées

Justement, le point 3 de l'arrêt concernait le risque de voir la règle commune vidée de la protection offerte si quelques droits internes proposaient des possibilités d'exonération de l'employeur. Aussi la décision précise-t-elle que : *« Si la directive 76/207 laisse aux États membres, pour sanctionner la violation de l'interdiction de discrimination, la liberté de choisir parmi les différentes solutions propres à réaliser son objet, elle implique toutefois que, lorsqu'un État membre choisit une sanction s'inscrivant dans un régime de responsabilité civile, toute violation de l'interdiction de discrimination suffise pour engager, à elle seule, la responsabilité entière de son auteur, sans qu'il puisse être tenu compte des causes d'exonération prévues par le droit national »* (24).

Bref, tout employeur devrait connaître le droit européen et ses possibilités d'application en France, sous forme de décrets ou de lois (25).

10. – L'applicabilité directe (sans besoin de transposition) des directives relatives à la protection de la maternité.

Dans l'Union européenne, l'employeur hostile aux congés de maternité encourt une sanction ; quel que soit son État membre. À ce sujet, peu importe que le standard européen ne figure pas encore dans la loi nationale de l'intéressé. Sans doute la Cour de l'Union réserve-t-elle le cas de force majeure ; puisqu'*à l'impossible nul n'est tenu.*

---

par la directive transposée. Élisabeth LANDROS-FOURNALÈS, La « surtransposition » des directives européennes en droit interne, *D.* 2019. 2360.

24) CJCE 8 nov. 1990, Dekker, point 1 et 3 du dispositif ; https://eur-lex.europa.eu/legal-content/FR/TXT/?uri=CELEX%3A61988CJ0177.

25) Par exemple, d'après le Code du travail (article L1225-3), en cas de doute sur la connaissance de l'état de grossesse d'une salariée par l'employeur, on le supposera détenteur de l'information utile.

Toutefois, l'on ne voit pas quelles hypothèses mériteraient de s'abriter derrière cette cause d'exonération. Certes, le propre du cas de force majeure est d'être imprévisible : une liste des cas ne se conçoit pas a priori. Faut-il songer à une intégration forcée d'une telle candidate ou doit-on se limiter à lui reconnaître des dommages-intérêts (26) ?

Il est entendu que notre femme enceinte n'aura jamais connu ni les collègues, ni l'entreprise frileuse à l'idée de sa venue. Certes, quand elle appartient déjà aux effectifs, et qu'elle subit un licenciement nul, la réintégration est psychologiquement plus facile à envisager (27). Effectivement, l'intéressée connaît les personnes et les lieux. L'employeur aussi la connaît mieux désormais et regrettera de n'avoir connu son profil d'assiduité à l'avance.

B. – L'enquête sur le profil d'assiduité des candidats

11. – L'admissibilité d'un interrogatoire sur la disponibilité professionnelle du candidat.

L'employeur pourrait prendre le parti d'interroger les candidats sur leur propension à l'assiduité (et donc, à l'inverse, sur leur tendance à l'absentéisme). La démarche paraît conforme à la loi. En effet, le Code du travail (art. L1221-6) autorise la demande d'informations permettant de mesurer l'adéquation du profil du candidat avec le

---

26) « *Rappelons que le salarié ordinaire dont le licenciement est nul, et qui ne demande pas la poursuite de l'exécution de son contrat de travail, ou dont la réintégration est impossible, a droit, à une indemnité, à la charge de l'employeur, qui ne peut pas être inférieure aux salaires des 6 derniers mois (C. trav., art. L. 1235-3-1)* » (Jean-Yves KERBOURC'H, Indemnisation réduite en cas de demande tardive de réintégration pour licenciement nul, La Semaine Juridique Social n° 6, 9 Février 2021, 1034).

27) Bernadette LARDY-PÉLISSIER, Droit à réintégration du salarié dont le licenciement est nul, *D.* 2004. 178 ; Delphine CASTEL, Licenciement nul : le salarié a toujours droit à réintégration, *JA* 2021, n°635, p.11.

poste proposé ; notamment au regard de *« ses aptitudes professionnelles »*.

Toutefois, la loi circonscrit l'interrogatoire aux questions qui ont *« un lien direct et nécessaire avec l'emploi proposé ou avec l'évaluation des aptitudes professionnelles »*. La disponibilité souhaitée de la part du futur salarié entre absolument dans les prévisions de la loi. Celle-ci prévoit par ailleurs que le candidat réponde *« de bonne foi à ces demandes d'informations »*.

Au fond, sans doute cette disponibilité est-elle quand même moindre chez les fumeurs, car ils interrompent souvent inopinément leurs tâches afin d'aller assouvir leur vice. Une crainte similaire d'indisponibilité ponctuelle est suscitée par le jeune parent : il doit peut-être aller déposer son enfant à l'école puis aller le récupérer à temps.

Le recruteur redoutera alors de leur part une prise de poste tardive, des pauses intempestives, et des départs anticipés. Toutefois, l'employeur flirtera certainement avec l'illégalité en posant au candidat des questions sur son état de fumeur, ou bien sur les mesures de garde de ses enfants.

12. – Le silence probable du certificat de travail du candidat sur son absentéisme.

Pour sa complète information, un recruteur pourrait compter sur les mentions (peut-être vengeresses) de l'ancien employeur sur le certificat de travail. L'idée étant que l'absentéisme du salarié y figurera peut-être. Mais cet espoir sera vain, car le certificat de travail est destiné à recevoir des informations normalisées. Or aucune n'est censée avoir de lien avec la façon de servir du travailleur.

La mention de l'absentéisme ne saurait donc s'y trouver ; du moins en France. Curieusement, dès la loi du 22 juin 1854 et son décret d'application du 30 avril 1855 qui avaient institué le livret d'ouvrier (sorte de certificat de travail) la neutralité de l'ancien employeur était déjà attendue (28). Ne devaient être portés sur ce certificat que le début et la fin de la collaboration, ainsi que les sommes encore dues par le patron ou par l'ouvrier. N'y était donc mentionnée *« aucune note favorable ou défavorable à l'ouvrier »* (art. 8 de la loi) (29).

Encore une fois, un éventuel absentéisme ne pouvait ressortir du livret d'ouvrier. La neutralité patronale d'antan est exacerbée aujourd'hui, puisque son défaut constitue indiscutablement une faute.

13. – L'interdiction de mentions défavorables dans le certificat de travail de son ex-salarié.

Aujourd'hui, l'employeur invoquant l'absentéisme du salarié dans le certificat de travail encourait une sanction pénale pour inobservation d'un formalisme légal.

On le vérifie dans une affaire selon laquelle : *« en ce qui concerne le certificat de travail [...] le juge de police avait le devoir de s'assurer, avant de prononcer relaxe sur ce chef de la poursuite, que la pièce délivrée était bien conforme aux prescriptions [...] du Code du travail, selon lesquelles l'employeur est tenu de délivrer au travailleur, à l'expiration du contrat de travail un certificat*

---

28) À cette époque-là, il y avait un usage immodéré des lettres de recommandation et des lettres d'introduction. La preuve que les choses s'étaient bien passées dans l'ancien emploi résultait des termes élogieux utilisés par l'ancien employeur dans sa lettre de recommandation. Pourtant, dit-on depuis longtemps : « *il n'y a plus de bon personnel, mon bon monsieur* ». Dès lors, l'ancien employeur ne sera pas forcément porté à encourager le départ de bons éléments, alors convaincus qu'ils auront par ailleurs sa bénédiction. Dans le doute, le législateur institue la neutralité du certificat de travail (ou du livret ouvrier).

29) Maître P. MIRODE, Les Codes français vulgarisés, Librairie contemporaine, 1891, p. 621.

contenant exclusivement la date de son entrée et celle de sa sortie, et la nature de l'emploi, ou, le cas échéant, des emplois successivement occupés, ainsi que les périodes pendant lesquelles ces emplois ont été tenus » (30).

Or, en relaxant (purement et simplement) le prévenu, le tribunal de police de SEGRE lui aura fait bénéficier d'une excuse non prévue par la loi. D'où une cassation ; *« mais seulement dans l'intérêt de la loi et sans renvoi ».* Dans le même ordre d'idées, un arrêt de la cour d'appel de METZ (30 décembre 1987) a été annulé, pour avoir débouté un salarié de sa demande de remise d'un nouveau certificat de travail.

Il se trouve que, *« pour décider que la mention dans le certificat de travail remis en l'espèce au salarié d'une clause de non-concurrence ne revêtait pas un caractère illégal, la cour d'appel a énoncé que l'intéressé ne pouvait se prévaloir d'aucun préjudice, puisque il était tenu de faire part de cette circonstance à un éventuel employeur, en application du dernier alinéa de l'article 1134 du Code civil [bonne foi dans les contrats]* » (31).

Mais pour la Cour de cassation (4 mars 1992), *« en statuant ainsi, alors que l'employeur ne peut imposer au salarié des mentions sur le certificat de travail autres que celles prévues [par le] Code du travail »*, la cour d'appel l'aura violé (32). Si cette clause avait été consacrée par la jurisprudence, puisqu'informé, le nouvel employeur aurait plus facilement dû répondre (dommages-intérêts) de sa complicité de violation de celle-ci.

---

30) CASS. CRIM., 23 juin 1965, pourvoi n° 65-9034, Chambre criminelle N. 164.

31) L'article 1134 du Code civil a été réécrit en 2016. L'un de ses trois alinéas est devenu le nouvel article 1104 : « *Les contrats doivent être négociés, formés et exécutés de bonne foi* ». La bonne foi est désormais une exigence d'ordre public.

32) CASS. SOC., 4 mars 1992, pourvoi n° 88-41014, Bulletin 1992 V n° 152 p. 94.

14. – Le sort de la mention du certificat de travail exceptionnellement défavorable à l'employeur.

Aucune des parties au contrat de travail ne devrait souffrir des mentions superflues éventuellement portées dans le certificat de travail. L'on pourrait songer aux clauses de style, trouvées sur Internet, et recopiées servilement dans ses documents contractuels (33).

Pour la protection du salarié, les juges exigent de l'employeur qu'il en établisse un autre. À l'inverse, ils considèrent quasiment comme non écrite la clause défavorable à l'employeur. À cet égard, l'on consultera utilement l'arrêt de la cour d'appel de RIOM (28 novembre 1977), ensuite confortée par la Cour de cassation (24 octobre 1979). Les conseillers riomois ont commencé par rappeler que *« la renonciation à un droit suppose des actes manifestant sans équivoque l'intention de renoncer »*.

Or, à la suite de leur appréciation du sens et de la portée du certificat de travail, ils avaient estimé que la clause *"libre de tout engagement"* constituait *« une formule, banale en soi, qui avait pour seul but de signifier que les obligations imposées au salarié en cours de contrat de travail avaient pris fin, et qui était insuffisante pour établir que l'employeur avait entendu renoncer à la clause de non-concurrence »* (34).

---

33) Bien souvent « *la notion de clause de style est employée dans un sens dépréciatif pour désigner la stipulation qui ne reflète pas l'intention commune des parties* » (Yves-Marie LAITHIER, La notion de clause de style a-t-elle une utilité en droit, RDC 2009, n° RDCO2009-1-007, p. 56). Il n'empêche que des juges peuvent lui faire jouer un rôle, son rôle apparent. Conf. Marine PARMENTIER, Contrat de vente immobilière : attention aux clauses de style ! Gaz. Pal. 18 févr. 2020, n° 370j9, p. 84.

34) CASS. SOC., 24 octobre 1979, pourvoi n° 78-40150 et 78-40151, Chambre sociale N. 773. Dans une affaire précédente, le Tribunal d'instance Belfort (13 juin 1976) s'était trompé en concluant à une renonciation (CASS. SOC., 2 février 1978, pourvoi n° 76-41004 N. 82 P. 60).

Surtout si le nouvel employeur (une société), lié à l'ex-salarié, ne pouvait en ignorer l'existence. Ainsi, dans une affaire, « *elle ne pouvait donc pas être admise à se retrancher derrière la mention libre de tout engagement portée sur le certificat de travail et, par conséquent, qu'en prenant à son service quelques jours seulement après son licenciement, la Société EPM s'était rendue complice de la violation de contrat ainsi commise* » (35).

15. – Le danger d'échanges de l'ancien et du nouvel employeur sur l'absentéisme du salarié.

Le mutisme des certificats de travail, lequel empêche d'obtenir d'informations sur l'absentéisme des candidats à l'emploi, conduira vraisemblablement le recruteur à contacter leurs anciens employeurs. En pur droit, la légalité de cette démarche suppose une acceptation préalable du candidat.

En effet, dit la loi, « *aucune information concernant personnellement un candidat à un emploi ne peut être collectée par un dispositif qui n'a pas été porté préalablement à sa connaissance* » (36). Bien sûr, le recruteur s'engageant dans cette voie de la suspicion et de la vérification se ménagera une preuve de cet accord commun ; il fera signer un document à l'intéressé.

Sans doute celui-ci s'empressera-t-il d'y obtempérer si rien de fâcheux n'est susceptible d'être révélé sur lui par son ancien employeur. Au demeurant, son éventuelle réticence jouerait en sa défaveur, puisqu'accentuant les soupçons peut-être infondés des recruteurs (37).

---

35) CASS. SOC., 5 janvier 1967, bulletin n° 5 ; rejet du pourvoi contre l'arrêt de la cour d'appel de Paris, 29 janvier1965.

36) Code du travail, article L1221-9.

37) « *Du mensonge provoqué … au mensonge pardonné. […]. Il est des cas où le salarié s'adonne à un mensonge provoqué, des cas où il n'a malheureusement pas d'autres choix que de mentir, soit parce qu'il veut*

L'accord des représentants du personnel suffira parfois, pour l'individu déjà en fonction (38). En tous cas, les renseignements collectés ne toucheront pas à la vie privée ; par exemple pas à la maladie du candidat ou à celle des siens (39). Or, la principale cause de l'absentéisme d'un travailleur est sa maladie, ainsi que les pathologies de ses proches.

Le problème est que discuter de pareilles absences, même sans référence à leur cause (une affection), confinerait à l'émission de reproches à une personne sur la base de sa maladie. Le cas échéant, la justice y verrait une intolérable discrimination à l'embauche (40).

être embauché, soit parce que l'exécution de sa mission, ou le respect de sa vie privée, lui accorde un droit au mensonge. […]. Il est d'autres cas où le mensonge du salarié n'emporte aucune conséquence, soit parce que la preuve de celui-ci, bien que réel, ne peut être rapportée, soit parce que le mensonge est effacé par la protection tirée d'un déséquilibre entre le salarié et l'employeur » (Catherine PUIGELIER, Le mensonge du salarié, La Semaine Juridique Entreprise et Affaires n° 5, 30 Janvier 2003, 193).

38) Maturin PETSOKO, Une enquête sur des faits de harcèlement moral, menée à l'insu du salarié mis en cause, mais avec l'accord des représentants du personnel, n'est pas un mode de preuve déloyal, LPA oct. 2021, n° LPA201d7,

39) « *L'enquête diligentée par un employeur sur des faits mettant en cause un salarié ne saurait lui permettre de mener des investigations qui ne seraient pas justifiées et proportionnées et porteraient atteinte au droit du salarié au respect de sa vie privée. […]. Le Conseil d'État confirme l'arrêt de la cour dans son intégralité, notamment – c'est l'intérêt de la décision commentée – en ce que celle-ci a jugé que le ministre avait méconnu le droit au respect de la vie privée du salarié* » (Cécile BARROIS DE SARIGNY, Enquête diligentée par un employeur et respect de la vie privée du salarié, Gaz. Pal. 12 mai 2020, n° 378r5, p. 31).

40) On le lit dans le Code du travail, article L1132-1. Selon le texte : « *aucune personne ne peut être écartée d'une procédure de recrutement ou de nomination […] ou faire l'objet d'une mesure discriminatoire, directe ou indirecte, […] en raison de […] son âge, de sa situation de famille ou de sa grossesse, de ses caractéristiques génétiques, de la particulière vulnérabilité résultant de sa situation économique, apparente ou connue de son auteur,*

Dans une telle occurrence, l'auteur du délit sera le recruteur ; l'ancien employeur en sera le complice, par fourniture de moyens (ici les informations discriminantes). Paradoxalement, du fait des citoyens eux-mêmes, les choses se dégradent du fait de la multiplication des jugements de valeur.

Notre civilisation incite en effet à mettre une note à chacun ; notamment aux fournisseurs de biens et prestations de service. Ces jugements s'étalent et se diffusent sur l'Internet. C'est une source potentielle d'information sur chacun. D'ailleurs beaucoup de ces informations sont publiées par les intéressés eux-mêmes sur les réseaux sociaux, notamment Facebook et Tiktok.

Bien entendu, si l'employeur prend des précautions contre l'absentéisme avant le recrutement, ce n'est certainement pas pour le faciliter après les entrées en fonction. Afin de disposer du maximum de personnel chaque jour, il rejettera souvent les autorisations d'absence.

[...], ou en raison de son état de santé, de sa perte d'autonomie ou de son handicap ».

LE MANQUE À GAGNER HABITUEL EN CAS D'ABSENTÉISME

Clotaire MOULOUNGUI
Maître de conférences hors classe à l'ULCO (académie de Lille)
Ancien Chef du Département Gestion des Entreprises et des Administrations
Responsable de la licence professionnelle Métiers de la Gestion et du Social

Résumé : Le volume de temps de travail et sa qualité ont une incidence sur la production et la productivité. Chacun le perçoit intuitivement. Mais sans doute une démonstration scientifique appuierait-elle judicieusement un pareil ressenti. Le nécessaire chiffrage devrait être effectué par des équipes universitaires de recherche, ou par des organismes parapublics intéressés par la question du travail salarié.

Mots clefs : Coût de l'absentéisme ; mécontentement des clients ou des usagers ; calcul du manque à gagne ; méthode des coûts de friction (MCF) ; méthode du capital humain (MCH).

Abstract: The volume of working time and its quality have an impact on production and productivity. Everyone perceives this intuitively. But a scientific demonstration would undoubtedly judiciously support such a feeling. The necessary calculations should be carried out by university research teams or by parapublic organizations interested in the issue of salaried work.

Keys Words : Cost of absenteeism; customer or user dissatisfaction; calculation of lost earnings; friction cost method (FCM); human capital method (HCM).

1. – L'intérêt d'un regard pluridisciplinaire sur les pertes imputées aux absentéistes.

Le volume de temps de travail et sa qualité ont une incidence sur la production et la productivité. Chacun le perçoit intuitivement. Mais sans doute une démonstration scientifique appuierait-elle judicieusement un pareil ressenti. Le nécessaire chiffrage devrait être effectué par des équipes universitaires de recherche, ou par des organismes parapublics intéressés par la question du travail salarié (41).

En toute hypothèse, une démarche pluridisciplinaire s'impose, car la conjonction de plusieurs types d'approches éclaire davantage que la seule lumière offerte par un point de vue isolé (42).

Du moins est-ce le cas en général (43). D'où l'organisation correspondante des enseignements universitaires (44). Pour l'heure,

---

41) Parmi ceux-ci, l'on citera les ANACT (les agences nationales pour l'amélioration des conditions de travail) ; les équipes de santé au travail ; les organismes de prévention des risques. Cf. Sophie FANTONI-QUINTON, L'évolution du temps de travail et les enjeux relatifs à la santé des salariés, *Droit social* 2010 p.395.

42) « *L'absentéisme long pour raison de santé chez les personnels hospitaliers non médicaux [...] [constitue] un enjeu de gestion par les désorganisations et les coûts, principalement cachés* ». *C'est du moins ce que révèle « un diagnostic pluriel (social, organisationnel et financier)* » (Ellie DERROS, L'hôpital malade de l'absentéisme santé : évaluation socio-économique des congés "maladie" non ordinaires chez les personnels non médicaux [...], résumé de Th. Sciences de gestion, Clermont-Ferrand 1, 2012).

43) En vérité, les découvertes et innovations de rupture proviennent d'abord d'un individu ou d'une équipe isolée. C'est en effet bien longtemps après qu'enfin l'idée convaincra de plus en plus de gens. On pourrait ici renvoyer à Galilée (à propos de la terre tournant en définitive au tour du soleil) ou bien à Semmelweis (nécessité d'un lavage des mains avant les accouchements, surtout après des autopsies). Le savant trop en avance sur son temps s'expose hélas aux moqueries et à la misère comme les savants précités.

les méthodes utilisées pour l'évaluation des préjudices proviennent des gestionnaires, lesquels ne disposent pas pour autant de moyens adéquats ou suffisants pour ce faire. Les lignes qui suivent traiteront des préjudices, tels qu'on les identifie intuitivement, puis tels que des procédés plus élaborés permettent de les envisager.

A. – Le décompte sommaire des inconvénients de l'absentéisme

2. – Les composantes des pertes causées par les absentéistes à leur employeur.

Les absentéistes provoquent des millions d'argent de pertes à leurs employeurs et à la société en général, affirment généralement les gestionnaires (45). Comment se décompose cette perte prétendue ? Réponse : c'est d'abord un amoindrissement de la production, suivi d'un effondrement des ventes, et donc du chiffre d'affaires initialement envisagé. La perte déborde par ailleurs ce manque à gagner, puisque s'y rajoutent des sorties impromptues d'argent (46).

---

44) « *[...] l'interdisciplinarité – ou, du moins, le mariage de disciplines dans l'enseignement – est une pratique banale. Et, donc, une banalité pratique : allant de soi, elle n'appelle aucune réflexion particulière et, de fait, n'en suscite aucune. Il est probable d'ailleurs qu'il s'agisse davantage de formations pluridisciplinaires que véritablement interdisciplinaires, les différents enseignements étant plus juxtaposés que véritablement intégrés les uns aux autres* » (Marcel JOLLIVET, Les formations interdisciplinaires : problèmes, expériences, perspectives, Compte-rendu des Journées, https://www.cairn.info/revue-natures-sciences-societes-2008-Supp. 2-page-7.htm).

45) Christine LEONARD, Marie-Reine VAN AMERINGEN, Shimon DOLAN, André ARSENAULT, Absentéisme et assiduité au travail : deux moyens d'adaptation au stress, *Relations industrielles, 1987*, 42(4), 774–789. https://doi.org/10.7202/050363ar.

46) « *Il semble difficilement contestable que le défaut d'encaissement d'une recette constitue un manque à gagner pour la caisse publique* » (Christian MICHAUT et Jean-Eudes PICARD, La notion de préjudice financier

Notamment parce que le service de gestion du personnel engage des frais pour pallier les absences. Ce service recourt souvent à des intérimaires qu'il convient bien sûr de rémunérer tandis que, parallèlement, les absentéistes conserveront peut-être tout leur salaire (47).

3. – Le reflux des rendements et des profits en cas d'absentéisme selon un cas d'école.

Si en une journée un ouvrier produit 10 articles, l'on s'imagine qu'en trois jours il en produira 30. À supposer cette fois que 99 de ses compagnons et lui-même œuvrent ce jour-là, et au même rythme, la production de cette période (de trois jours) se chiffrera logiquement à 3000 articles (100 ouvriers et 30 articles chacun). En poursuivant la réflexion, l'on conclura qu'avec 1000 ouvriers cette fois, et toutes choses égales par ailleurs, la production sera de 30.000 articles (48).

Ainsi de suite, selon l'assiduité des travailleurs. Si le prix unitaire de vente est fixé à deux euros (2 €), le chiffre d'affaires des 30.000 articles s'élèvera à 60.000 €. Le (seul) bon sens conduit à se figurer que ce chiffre d'affaires croîtra encore et encore, au fil de

---

appliquée au défaut de recouvrement des recettes publiques, AJDA 2014. 2524).

47) De la même façon qu'en matière de récompense entre patrimoines d'époux, « *la notion de dépense faite ne doit pas être prise au pied de la lettre. [...]. L'appauvrissement constitutif de la dépense faite peut avoir lieu en valeur [...]. Mais l'appauvrissement peut également avoir lieu en nature* » (Stéphane DAVID et Alexis JAULT, Le calcul des récompenses, AJ Fam. 2010. 173).

48) « *Toutes choses égales par ailleurs* » est une expression universitaire de l'économiste Alfred MARSHALL. Il faut raisonner sur un facteur en espérant que tous les autres demeurent inchangés. Ce professeur britannique est seulement un homonyme du Général américain Georges Marshall qui, comme Secrétaire d'État, aura été l'un des pères du plan Marshall, grâce auquel les économies européennes ont pu être reconstruites après les destructions de la seconde guerre mondiale.

l'augmentation des jours d'activité et/ou du nombre de recrues mises au travail. C'est la théorie économique des rendements croissants. En vérité, celle-ci butte à un moment sur son inverse : la théorie des rendements décroissants (49).

L'idée est que des ouvriers trop nombreux se gêneront mutuellement (*"se marcheront sur les pieds"*), et entraveront donc le rythme de la production. Ainsi, proportionnellement, un effectif surabondant produira parfois moins qu'une équipe squelettique. Même une machine atteint des limites relativement aux quantités produites et à la durée de marche. Alors, le risque (mécanique) sera la rupture ; et par suite, l'arrêt de l'activité pendant un temps plus ou moins long.

4. – Le gain de productivité des présents pour une production stabilisée.

La capacité du salarié à réaliser la quantité prévue accepte les appellations de production et de productivité (50). Normalement, en cas d'absentéisme, l'on s'attend à une stagnation de la productivité et à une chute de la production. Or, malgré l'enregistrement d'un

---

49) « *[...] l'entreprise n'a en général pas des rendements constants quel que soit le niveau de production. Des zones de rendements croissants ou décroissants auront pour conséquence que, selon le niveau de production initial, la variation de l'emploi consécutive à une même variation de la production devrait être différente. La difficulté réside ici dans une mesure objective des rendements. Le fondement du sureffectif est bien dans la liaison entre niveau de production et productivité* » (Louis MALLET et Francine TEYSSIER, Sureffectif et licenciement économique, Droit social 1992. 348).

50) « *[...] la difficulté à tracer une distinction nette entre la production de l'entreprise, dont la perturbation est une conséquence normale et légitime de la grève, et la productivité de l'entreprise, à laquelle la grève ne peut porter préjudice, conduit la jurisprudence [italienne] à qualifier de grève licite presque toutes les formes de "grève articulée" [perlées, tournantes, etc.]* » (Maria VITTORIA BALLESTRERO, La grève en droit italien, Droit social 2004. 386).

absentéisme, grâce aux présents les objectifs sont quand même tenus, ou presque.

Cela veut dire que ceux-ci auront compensé, par un surplus d'efforts, les quantités manquantes (des absentéistes). Ils auront dès lors augmenté leur capacité de production dans la période considérée. C'est le fameux gain de productivité. On notera qu'une machine ainsi que son prolongement qu'est l'intelligence artificielle (l'IA) compensent de plus en plus les insuffisances des humains (51).

Par ailleurs, diverses innovations contribuent à l'amélioration de la productivité à la suite d'investissements ; les uns dans le capital humain, et les autres dans les changements organisationnels ou les TIC.

5. – La faiblesse possible de la production malgré les gains de productivité des présents.

En cas d'absentéisme, les quantités produites baissent presque toujours, tandis que la productivité augmente parfois. Surtout si un facteur étranger entre en jeu (52).

---

51) « *[...] l'IA ne fait pas que déplacer la valeur ; elle peut aussi en produire via le traitement intelligent de données massives, ce que le travailleur humain ne peut pas faire. Elle va produire une nouvelle connaissance à disposition des travailleurs destinée à les soutenir dans leurs prises de décision. L'IA peut l'accélérer et ainsi générer des gains de productivité, réduire les erreurs ou renforcer la sécurité des organisations* » (Yann FERGUSON, Le monde du travail à l'ère de l'intelligence artificielle : menace ou opportunité ?, La Semaine Juridique Social n° 18, 4 Mai 2021, 1112). Pendant un certain temps encore, l'humain demeure indispensable dans les voitures automatiques et partout où un peu d'humanité est indispensable.

52) « *La productivité de l'agriculture ne dépend pas uniquement de la production, mais encore de l'industrie de transformation et des circuits de distribution. Ces derniers ne sont pas toujours très bien adaptés et renchérissent le coût des produits auprès des consommateurs. Une*

Par exemple, la production habituelle de 50 ouvriers est de 2000 tonnes. Leur production et leur productivité se chiffrent donc à 40 (2000/50). Si, à cause de l'absentéisme, il n'y a que 35 ouvriers au travail, lesquels n'offrent que 1500 tonnes, la production aura visiblement baissé. En revanche, la productivité aura augmenté, puisque la division de 1500 par 35 donne 42,85 ; ce dernier indicateur est ainsi supérieur au nombre 40 précédemment énoncé.

On comprendra dès lors qu'un employeur s'agace de la relativisation des inconvénients de l'absentéisme par une mise en avant de gains de productivité (53).

6. – La légende de Gauche d'une compensation de l'absentéisme par la productivité.

Les partis politiques de Gauche et les syndicats insistent sur la bonne productivité des salariés français (54). En revanche, les partis de Droite et le patronat déplorent la chute de la production française. D'où leur *"chantage"* à la délocalisation des usines (55).

---

excellente productivité de l'agriculture doit rendre possible le relèvement du niveau de vie des agriculteurs et assurer des prix raisonnables aux consommateurs » (Yves PETIT, Répertoire de droit européen, Agriculture, mars 2020).

53) Le lecteur pourrait se reporter à l'introduction générale de cet ouvrage, aux numéros 68, 83, 89, 90 à 93.

54) « *Il faut savoir que la part des coûts salariaux est de plus en plus faible dans les coûts de production. Et la productivité du travail, en France, reste très attractive. Par contre, on ne regarde jamais du côté du coût du capital* » (Maryse DUMAS, Réduction du temps de travail : point de vue, Droit social 1998. 772).

55) « *La course à la rentabilité ne cesse de s'accroître et avec elle les restructurations d'entreprises. Les délocalisations, entendues comme un déplacement vers l'étranger d'une activité économique préalablement existante en France, sont devenues monnaie courante. Celles-ci n'intéressent le droit du travail qu'à travers ses conséquences sur l'emploi. [....]. Un grand nombre de délocalisations se traduisent, en effet, par des*

Celles-ci se retrouveraient en effet dans des contrées à main-d'œuvre abondante, et aux exigences (salariales, fiscales, sociales et environnementales) ridiculement basses (56). Là-bas, peu importe alors la productivité ; car l'inefficacité des travailleurs est compensée par les économies issues de rémunérations et prélèvements obligatoires bien moindres qu'en Zone Euro. Encore que la justice française y trouvera parfois à redire (57).

7. – L'inapplicabilité des calculs de productivité à certains domaines.

La mesure de la productivité est plus commode dans l'industrie plutôt que dans les secteurs des services, privés ou publics. N'en soyons pas pour autant dupe : *« des calculs mécaniques dans les comparaisons de productivité peuvent aboutir à des conclusions erronées s'il n'est pas tenu compte du véritable contenu des différents secteurs. Cela vaut également pour le secteur des services publics, où les objectifs de croissance de la productivité doivent tenir compte d'objectifs de politique sociale ainsi que de l'exigence de garantir un*

---

suppressions d'emplois. Mais peut-on interdire à une entreprise de planifier sa délocalisation alors que cette dernière est soumise aux lois du marché ? Des licenciements sont alors présentés comme des mesures indispensables pour faire face à la concurrence internationale » (Estelle PIDOUX, Délocalisations : la dimension sociale ou l'impact sur l'emploi, LPA 9 déc. 2010, n° PA201024504, p. 6).

56) « *Les délocalisations d'entreprises et les conséquences qui en résultent sur l'emploi, ont suscité un débat, à la fois sur le plan économique et juridique. Le rapport Arthuis (Liaisons Soc., doc. n° 59/3, 14 juin 1973) a contribué à préciser les principales données économiques de ce débat. Mais, sur le plan juridique, ce sont surtout quelques décisions judiciaires qui ont retenu l'attention de la doctrine* » (Georges PICCA, Motif économique et "délocalisations" d'entreprises, La Semaine Juridique Entreprise et Affaires n° 31, 3 Août 1995, 709).

57) Effectivement, « *la technique de la filialisation des usines, mise en place dans de nombreux groupes depuis plus d'une décennie, ne permet pas toujours à la société mère d'échapper à la mise en œuvre de sa responsabilité sociale* » (Lucien FLAMENT, Délocalisation, CSBP mai 2009, n° CSBP2009-210-D2, p. 110).

environnement propice à l'innovation et à la croissance de la productivité » (58).

Cela peut vouloir dire qu'il est illusoire ou dérisoire de chercher à calculer méticuleusement l'incidence de l'absentéisme sur l'activité de tout employeur.

8. – La personnalisation nationale ou régionale du calcul de la productivité.

Selon les habitudes managériales du pays, la productivité se calcule d'après l'une ou l'autre des deux façons suivantes. La première consiste à diviser la production par l'ensemble de tout le personnel (présents et absents compris).

La seconde méthode retient seulement le personnel présent comme diviseur de la production. Parlant des houillères, un auteur avait écrit que les Britanniques tenaient une comptabilité de la quantité de houille marchande extraite par homme et par poste. Or, aux USA, il n'y avait pas de compte individualisé.

L'auteur concluait alors que : « *La méthode américaine ne tient donc aucun compte de l'absentéisme et, en fonction de ce fait, tend à noter pour la production par homme et par jour un chiffre inférieur à la réalité* » (59). On sait qu'en France, de nombreux jours de travail (et donc dc production possible) sont perdus à cause des grèves, des fêtes et d'autres congés (60).

---

58) Avis du Comité économique et social européen sur "*Promouvoir une productivité durable du travail en Europe*", 2008/C 10/19, Point 2.4.

59) TRYON et SCHOENFEL, Comparaison des conditions physiques dans les houillères britanniques et dans les houillères américaines, Coal and Coal Trade Journal du 4 novembre 1926 (traduit par la revue de l'industrie minérale, n° 151, 1er avril 1927).

60) Plus généralement : « *La croissance de la productivité dans l'UE reste nettement inférieure à celle des autres acteurs mondiaux. La tendance suivie par les États membres a cessé, dans les années 1980, de converger*

9. – L'influence de la productivité et de l'absentéisme sur les investisseurs étrangers.

Relativement aux performances économiques, des comparaisons sont réalisées entre pays, entre secteurs d'activités de ceux-ci, et entre entreprises de ces secteurs. L'une de leurs conséquences est que l'investisseur étranger choisira de risquer ses capitaux dans le pays (puis l'entreprise) dont la productivité se révèle nettement attractive.

Grâce à l'OCDE, les comparaisons entre économies (des États qui y ont adhéré) sont plus faciles. D'ailleurs, ces membres sont invités à une convergence de leurs normes et indicateurs. Dès lors, *« à chaque convergence son test »* (61). Bref, un absentéisme important pèsera forcément sur l'attractivité du pays, puis sur de telle ou telle de ses entreprises en particulier (62).

---

avec celle observée aux États-Unis. Cette évolution reflète également la situation des entreprises européennes à l'échelle mondiale. Parmi les 100 plus grandes entreprises cotées en bourse, seules 23 sont européennes. Il y a dix ans, 40 étaient européennes. Dans le même temps, les disparités au sein de l'UE ont augmenté, la productivité des 10 % des régions les plus productives étant plus de six fois supérieure à celle des 10 % des régions les moins productives. La création de conseils nationaux de la productivité pourrait enrichir les débats, menés au niveau national, sur la manière de stimuler la productivité en fournissant une analyse indépendante de haute qualité et en renforçant l'appropriation des réformes structurelles par les États membres » (COMMISSION EUROPÉENNE, communication de la Commission au Parlement européen, au Conseil, à la Banque centrale européenne, au Comité économique et social européen, au Comité des régions et à la Banque européenne d'investissement, COM (2019) 650 final du 17 décembre 2019, Stratégie annuelle 2020 pour une croissance durable).

61) Rabih ZOTTI, La convergence du développement économique et humain au sein de l'Union européenne élargie, *Géographie, économie, société,* 2014/4 (Vol. 16), p. 421-454. DOI : 10.3166/ges.16.421-454.

62) Un capitaliste américain (Maurice M. Taylor Junior) aura délaissé la France parce qu'elle ne serait pas une terre favorable à l'investissement.

10. – La volonté de décroissance fondée sur les débouchés et l'écologie.

Peut-on produire indéfiniment et, si la réponse est positive, faut-il s'engager dans une telle voie (d'un productivisme à tous crins) ? D'un point de vue technique, il y a un plafond que l'on atteint fatalement (63). À partir de ce palier, la production commence à chuter. C'est la théorie du point de régression chère aux économistes (et aux statisticiens). Il survient après un certain temps de progression linéaire.

Même si la technique se révélait en mesure de produire encore et encore, peut-être faudrait-il néanmoins arrêter, ou seulement ralentir. Pourquoi donc ? En considération de la finitude des débouchés commerciaux. Oui, il faut se préoccuper de la distribution de ses produits et marchandises (à des acheteurs).

D'ailleurs, la production sans limite, au prétexte que des clients existeraient, n'apparaît plus être un objectif raisonnable. Au

---

Voici son propos : « *J'ai visité cette usine [Goodyear Amiens] plusieurs fois. Les salariés français touchent des salaires élevés mais ne travaillent que trois heures. Ils ont une heure pour leurs pauses et leur déjeuner, discutent pendant trois heures et travaillent trois heures. Je l'ai dit en face aux syndicalistes français. Ils m'ont répondu que c'était comme ça en France* ». Repris sur Internet, notamment par : Donald HERBERT, Goodyear : Pour Montebourg, une lettre "extrémiste" et "insultante", 20 février 2013, https://www.nouvelobs.com/societe/social/20130220.OBS9467/goodyear-pour-montebourg-une-lettre-extremiste-et-insultante.html. Nicolas BÉGASSE, Goodyear : Le patron de Titan tacle les ouvriers français dans une lettre, https://www.20minutes.fr/economie/1104013-20130219-goodyear-lettre-assassine-patron-titan-a-arnaud-montebourg. Reuters STAFF, Arnaud Montebourg défend les Goodyear "insultés" par Titan (https://www.reuters.com/article/ofrtp-france-titan-goodyear-20130220-idFRPAE91J00C20130220), February 20, 2013.

63) « *La qualité moyenne du nickel russe et l'absence de réseau commercial conduisent à ce qu'une partie importante des tonnages exportés ne trouvent pas d'acheteurs* », Joël BOUDANT, La défense commerciale dans le secteur des matières premières, RMCUE 1996. 296.

contraire, les périls écologiques et environnementaux engagent plutôt à la frugalité ou à la sobriété (64).

11. – La limitation du temps de travail en vertu de la physiologie humaine.

On se tromperait sans doute en espérant obtenir une production toujours plus grande grâce au maintien indéfini du salarié à la tâche. Car sa production baissera certainement en quantité et en qualité du fait de la fatigue (65). Au contraire, même dans un temps plus bref, un résultat tout aussi satisfaisant est susceptible d'être obtenu.

Mais cela, en déployant une énergie (une intensité) plus grande. Conclusion : allonger le temps à passer au poste de travail revient presque souvent à maintenir inutilement le salarié sur le lieu d'activité. Cette donnée de la physiologie du travail aura fini par convaincre de la nécessité et de la possibilité de limiter (progressivement) la durée européenne de la journée de labeur (66).

Le travailleur absentéiste ne provoque donc pas forcément de préjudice juste parce qu'il n'aura pas été en permanence à son poste de travail. Un meilleur système de quantification serait le bienvenu.

---

64) Jacques CHEVALLIER, Le patriotisme économique, *La Semaine Juridique Edition Générale* n° 37, 13 septembre 2021, doctr. 940 ; Philippe BILLET, La transition énergétique, *Énergie - Environnement - Infrastructures* n° 1, janvier 2015, alerte 1.

65) « *En 2022, on diagnostiquerait certainement un burn out causé par un stress numérique. En effet, il paraît qu'un salarié sur trois subit un tel stress, causé par les avalanches de mails, l'urgence omniprésente, les innombrables sollicitations, les addictions aux écrans professionnels et la fatigue occasionnée par les visioconférences* » (Christophe CARON, Les temps modernes, Communication Commerce électronique n° 4, Avril 2022, repère 4).

66) Paul DURAND, *Traité de droit du travail*, tome 2, coll. André Vitu, Dalloz 1950, n° 205.

B. – Les coûts cachés de l'absentéisme et leurs méthodes de calcul

12. – Le maintien de salaire et ses annexes comme coût de l'absentéisme.

Très régulièrement, l'employeur maintient le salaire à une personne pourtant absente de son poste de travail. Cette rémunération et les cotisations sociales afférentes représentent alors un coût indirect de l'absentéisme. En revanche, apparaît nettement comme due à l'absentéisme, la rémunération promise au remplaçant.

C'est un coût direct, car il est évident et tangible pour tous ; l'on pourrait même parler de coût visible. La charge patronale supportée à cause du malade subsiste même dans le cas où le maintien profite à un salarié indemnisable par la CPAM (67).

Car, bien souvent, l'employeur avance volontiers à ce salarié les sommes nécessaires, puis en obtient le remboursement par la CPAM. C'est le mécanisme de la subrogation légale (68).

---

67) « *Cette obligation ne pèse sur l'employeur que si le salarié a une ancienneté d'un an dans l'entreprise, s'il a justifié de son incapacité de travailler dans les quarante-huit heures qui suivent celle-ci, s'il est pris en charge par la sécurité sociale et s'il est soigné sur le territoire français ou dans un des pays de l'Union européenne. [...] Cette garantie de rémunération est subordonnée à une contre-visite médicale qui peut être ordonnée par l'employeur* » (Gilles AUZERO, Dirk BAUGARD et Emmanuel DOCKÈS, Droit du travail, Précis Dalloz, 2018, n° 359). Elsa PESKINE et Cyril WOLMARK, Droit du travail 2024, HyperCours, Dalloz, n° 550.

68) Clotaire MOULOUNGUI, *L'admissibilité du profit dans la subrogation*, LGDJ, tome 251, 1995 ; Le recul de la règle subordonnant la subrogation à un paiement préalable, Contrats Concurrence Consommation, N° 10, 1996. Selon Damien VIEILLARD-BARON, « *Généraliser la subrogation, ce serait finalement sanctionner, par un surplus de tâches complexes, l'employeur, par ailleurs déjà pénalisé par l'absence de son salarié : la double peine !* » (https://www.gerep.fr/2019/05/23/rapport-sur-labsenteisme-point-et-contre-point/).

Et, de toute façon, l'employeur prendra certainement à sa charge un versement (une indemnité) complémentaire à l'endroit du salarié titulaire d'une certaine ancienneté (69).

13. – L'agacement de l'employeur malgré sa subrogation contre la CPAM dans les droits du salarié.

Une petite entreprise est généralement réticente à indemniser ses salariés malades à la place de la CPAM, laquelle est leur *''assureur social''* (70).

Encore que cette avance fasse l'objet d'un remboursement au titre de subrogé dans le droit à indemnisation du salarié assuré social, par cette CPAM. Dans cette situation, le premier problème est qu'il s'agit alors d'une sortie d'argent sans intérêt direct et immédiat pour l'employeur généreux. Or, la vocation de l'entreprise n'est

---

69) Une ancienneté d'au moins une année est cependant indispensable pour le bénéfice de ce complément aux IJSS. À l'intérieur d'une ancienneté moins longue que le quinquennat, le salarié pourra alors prétendre (pendant 60 jours) à 90 % du revenu qu'il aurait perçu s'il n'avait été malade. En vérité, ce sera 66,66 % les 30 derniers jours de la période. Grâce à l'adhésion à une assurance ou à un régime généreux de prévoyance, la protection financière du salarié pourra être meilleure. Le cas échéant, l'employeur ne se trouvera pas pour autant libéré de sa dette d'indemnités (Gilles AUZERO, Dirk BAUGARD et Emmanuel DOCKÈS, *Droit du travail, Précis Dalloz*, 2018, n° 366). Elsa PESKINE et Cyril WOLMARK, Droit du travail 2024, HyperCours, Dalloz, n° 550.

70) En matière sociale, le concept d'assurance s'éloigne fondamentalement de son acception dans le secteur privé lucratif. D'une part, la Sécurité sociale (la CPAM) ne refuse pas d'assurer un individu porteur de pathologies particulièrement coûteuses. Et cet individu ne paie pas davantage qu'un autre individu qui lui serait en meilleur santé. Pas de discrimination sur la base de la maladie ou sur la base des cotisations correspondantes. Cf. Alain DEVERS, La solidarité pour l'autonomie des personnes âgées et des personnes handicapées, *Droit de la famille n°* 10, Octobre 2004, étude 24 : « *tous les assurés sociaux, quelles que soient leurs ressources, bénéficient d'une même protection* ».

peut-être pas celle de dispensateur de crédits gratuits aux membres de son personnel (71).

Certes, malgré le monopole bancaire du prêt d'argent, les employeurs sont (exceptionnellement) autorisés à faire des avances (de salaire, sortes de prêts) aux travailleurs en difficultés. Et puis, le législateur s'efforce dorénavant de réorienter la société (l'entreprise) vers davantage de responsabilité et d'altruisme (72).

Le problème est que la subrogation suppose des tâches administratives complexes et chronophages qui embarrassent forcément une petite entreprise. Car, outre le remplissage d'un dossier d'indemnisation, il y a son suivi, de même que l'attente (du retour) des fonds avancés. Un tel coût administratif et financier pèsera d'ailleurs bien plus lourdement sur l'entreprise œuvrant dans un secteur d'activité qui recourt souvent à des contrats courts. En effet, compte tenu du turnover, ce processus subrogatoire se répétera au fil des semaines.

14. – Des avantages en nature pour le remplaçant en sus du salaire en argent.

Les coûts cachés (ou coûts indirects) ont besoin de l'œil et de la connaissance du spécialiste pour leur identification sûre et certaine (73).

---

71) Damien VIEILLARD-BARON, https://www.gerep.fr/2019/05/23/rapport-sur-labsenteisme-point-et-contre-point/. François GRUA, Le prêt d'argent consensuel, *Dalloz-Sirey*, 2003, p. 1492.

72) Depuis 2019, « *La société est gérée dans son intérêt social, en prenant en considération les enjeux sociaux et environnementaux de son activité* » (CODE CIVIL, article 1933, alinéa 2).

73) « *[...] il existe aussi des coûts « cachés », car bien souvent mal évalués, comme la communication interne, l'absentéisme, le coût des départs, [...]* » (Flavie DE JAURIAS, F... comme - Fusion JA 2016, n°534, p.47). Cf. Christine LÉONARD, Marie-Reine VAN AMERINGEN, Shimon DOLAN et André ARSENAULT, Absentéisme et assiduité au travail : deux moyens

Or l'employeur en supporte une demi-douzaine relativement à l'absentéisme. Il y a d'abord le coût de remplacement du salarié absent. En effet, un remplaçant sera probablement recruté, en CDD ou par intérim. Ce sont des mécanismes substitutifs plutôt coûteux, comparativement à la charge propre du salarié permanent (ici remplacé).

Le remplaçant bénéficiera naturellement des avantages divers reconnus aux salariés classiques de l'employeur ; en particulier les tickets restaurant et les frais de transport (74).

15. – Le choix patronal du non-remplacement ou le choix d'heures supplémentaires.

Pour s'éviter les coûts induits par le remplacement, l'employeur sera parfois tenté de proposer l'accomplissement d'heures supplémentaires aux personnels présents. Surtout que dans certains secteurs, la contrepartie financière due (comme supplément) est véritablement négligeable (75).

---

d'adaptation au stress, Relations industrielles, 1987, 42(4), 774–789. https://doi.org/10.7202/050363ar.

74) Antoine LYON-CAEN, La rémunération du travailleur temporaire, *D.* 1990. 176 ; Christophe RADÉ, Travailleurs intérimaires. Principe d'égalité de rémunération. Bénéfice des tickets restaurant, *Droit social* 2007. 355.

75) En droit commun, il s'agit d'une majoration de 25 % pour les huit premières heures au dessus des 35H hebdomadaires (entre 35 et 43 heures). Au-delà, la majoration est du double : 50 %. Or, dans le secteur de la restauration, ces huit heures initiales ont longtemps été subdivisées en deux périodes, l'une valorisée à 10 % et l'autre à 20 %. C'est à partir de la 44ème heure que de tels salariés bénéficiaient de la même majoration qu'ailleurs (50 %). D'un autre côté, les enseignants-chercheurs estiment que la quarantaine d'euros qu'ils perçoivent pour une heure TD est finalement rémunérée en dessous du SMIC, compte tenu de leur temps de préparation, de présentation et de correction. D'ailleurs, l'on ne peut certainement pas s'enrichir grâce aux heures supplémentaires, car leur volume est limité. Encore que depuis quelque temps, les sommes correspondantes soient

Du reste, un employeur cynique se persuadera que la solution vraiment économique consisterait à laisser les présents se débrouiller sans renfort ni heures supplémentaires rémunérées. Mais ce calcul patronal provoquera vraisemblablement des rancœurs personnelles et une dégradation du climat social (76).

Un arrêt de la Cour de cassation (06 octobre 2017) note de la sorte *« une dégradation du climat social au sein de l'établissement » « dans un contexte d'absentéisme déjà important »* (77). La jurisprudence fourmille d'autres affaires édifiantes (78).

---

défiscalisées. Une mesure sans doute favorable au patrimoine individuel, mais incontestablement ruineuse pour la caisse commune tenue par le Trésor public.

76) Le coût social se manifestera par une fatigue (proche de la maladie), par du découragement (démotivation), puis par de l'absentéisme consécutif à l'agacement ou à une pathologie alors développée. Un réel cercle vicieux. Oui, « *les perturbations de fonctionnement provoquées par des absences répétées peuvent causer une surcharge de travail chez les salariés présents et contribuer ainsi à augmenter l'absentéisme par la suite* » (Jérémie GORGET, À la recherche de la méthodologie de management qui réduit les risques psycho-sociaux pour augmenter la performance, Le cas concret d'une grande entreprise industrielle, ISEOR, *Recherches en Sciences de Gestion,* 2016/2 *n° 113, pages 89* à 112, https://www.cairn.info/revue-recherches-en-sciences-de-gestion-2016-2-page-89.htm).

77) CASS. SOC., 06 octobre 2017, pourvoi n° 15-29.391.

78) L'absentéisme va souvent de paire avec la surcharge de travail, la maladie et la perspective du danger. Les partenaires sociaux peuvent dès lors convenir amiablement (de préférence) du recours à une expertise sur la situation. Or quelquefois l'employeur repousse cette possibilité ; peut-être par crainte du surgissement de la vérité et, plus sûrement, pour s'économiser les honoraires induits. Cf. CASS. SOC., 18 novembre 2015, Pourvoi n° 14-17.512, SOCIÉTÉ TÉLÉPERFORMANCE FRANCE ; CASS. SOC., 24 janvier 2018, pourvoi n° 16-21.517, CHSCT de l'Hôpital américain de Paris.

16. – Le coût de la recherche de recrues puis les opérations consécutives de gestion.

La seconde catégorie de coût caché (s'ajoutant aux avantages accessoires du remplaçant) renferme les frais de recrutement et de gestion de ce substitut de l'absentéiste. Car la direction des ressources humaines (DRH) se retrouvera avec un nouveau dossier individuel à gérer. Et puis, le processus de remplacement commencera par une longue présélection de dizaines de candidatures.

Ensuite, il y aura l'entretien individuel avec les candidats dont le profil psychosociologique et professionnel présentera un certain intérêt (79). La durée de l'échange avec chacun d'eux, ainsi que le temps de préparation en amont se compteront en journées perdues, perdues à cause de l'absentéisme déploré (80).

La DRH subira deux autres sujétions : un plus long bulletin de paie ; et, à la fin de la collaboration, diverses opérations spécifiques à effectuer (81)

---

79) « *L'entretien individuel d'embauche constitue, dit-on, la technique la plus répandue en matière de recrutement. Que reste-t-il aujourd'hui de cette pratique – dont la fiabilité est contestée depuis longtemps – face aux transformations de la galaxie du recrutement ?* » (Frédéric GÉA, L'entretien d'embauche, Cah. soc. oct. 2014, n° 114q9, p. 586).

80) « *Les entretiens doivent être préparés. Il est indispensable de prendre le temps nécessaire à un échange de qualité (30 à 60 minutes pour le premier entretien). Plusieurs entretiens peuvent être souhaitables, voire indispensables. Il est possible d'imaginer des mises en situation au travers d'études de cas, de notes ou d'immersions. Lorsque deux candidats sont intéressants, il peut être utile de passer une demi-journée avec chacun eux sur le terrain pour se découvrir et valider l'envie réciproque de travailler ensemble* » (Céline JULIEN, Les clés d'un recrutement réussi, JA 2022, n°654, p.29).

81) Les documents en question sont essentiellement : le certificat de travail ; le reçu de solde de tout compte ; l'attestation Pôle emploi ; l'attestation provisoire [transitoire] de travail. Le manquement de l'employeur à la

17. – Le stress du DRH recruteur au vu de la pénurie de soignants intérimaires.

Le manque d'infirmières et de médecins sévit en même temps dans tous les hôpitaux voisins. Ce sont donc des concurrents exposés à des intérimaires intransigeants (82).

Les agents chargés de traiter avec les agences d'intérim se sentiront forcément stressés jusqu'à ce qu'ils trouvent le remplaçant recherché. Ils redouteront qu'il leur soit reproché de n'avoir pas déployé assez d'efforts pour recruter le professionnel indispensable au maintien du service en ayant besoin. Or l'échec (l'imperfection) du recrutement initial obligera probablement à répéter l'ensemble du processus, jusqu'à ce que soit enfin détecté le candidat apparemment idéal.

Bien entendu, confronté à la pénurie de candidats et à l'urgence du recrutement, le DRH ne fera point la fine bouche. Mais alors, sans doute s'en remettra-t-il au hasard pour qu'il lui accorde la chance de tomber sur de bons professionnels. Car c'est des recrues ainsi choisies que dépendront, dans une certaine mesure le bien-être, la santé et la vie de patients.

---

transmission documentaire l'oblige juridiquement. Cf. François TAQUET, Préjudice causé par la remise tardive des documents de fin de contrat, Revue des procédures collectives n° 5, septembre 2014, comm. 126.

82) « *Pour tenter de lutter contre les abus de l'intérim à l'hôpital, le gouvernement s'attaque cette fois à l'offre. Les médecins, dentistes, sages-femmes ou pharmaciens mais aussi les auxiliaires médicaux, aides-soignants, auxiliaires de puériculture, ambulanciers et assistants dentaires ne pourront travailler en intérim auprès d'un établissement de santé ou d'un laboratoire de biologie médicale qu'à la condition d'avoir exercé dans un autre cadre pendant une durée qui sera fixée par décret. Les entreprises de travail temporaire devront vérifier le respect de cette condition et en attester auprès des établissements. Cette interdiction a été étendue aux établissements sociaux et médico-sociaux accueillant des personnes âgées ou handicapées* » (Marie-Christine DE MONTECLER, La pénurie de médecins au cœur du budget de la sécurité sociale, AJDA 2022. 2324).

18. – L'obligation d'un réajustement des habitudes et d'une formation interne des remplaçants.

D'autres coûts cachés sont plus extrapatrimoniaux, même si en vérité tout peut recevoir une valeur en argent (83).

À ce propos, les coéquipiers de l'absentéiste devront s'élaborer une nouvelle façon de travailler. Il faudra d'ailleurs y inclure son remplaçant. Déjà, la formation de ce dernier sera difficile si l'absentéiste avait un fonctionnement particulier. Une particularité liée à sa personnalité, ou bien liée à son poste de travail.

Faute de polyvalence chez les présents, ceux-ci donneront une formation approximative au remplaçant. Au reste, dans certaines unités de soins, « *les absences sont compensées en quantité, mais non en qualité : les remplaçantes ne connaissent pas les patients et ont parfois une faible connaissance sur leur pathologie et le fonctionnement du service* » (84).

---

83) Le Conseil d'État jugeait autrefois que la douleur ne se monnaie pas, et refusait pas conséquent des indemnisations fondées sur le préjudice moral. Depuis des décennies désormais, « *il faut distinguer, comme le fait d'ailleurs le Conseil d'État, entre la souffrance qui est, incontestablement, une chose personnelle, donc extrapatrimoniale, et le droit à réparation qui, lui, est patrimonial. Si la souffrance du défunt ne se prolonge pas en l'héritier, pour la simple et bonne raison qu'on ne souffre jamais que sa propre souffrance, en revanche l'héritier succède au droit à réparation de la souffrance subie avant sa mort par le défunt* » (Arnaud DERRIEN, La demande en réparation de la douleur peut être introduite par les héritiers de la victime, *La Semaine Juridique Edition Générale* n° 29, 19 Juillet 2000, II 10360).

84) Nicolas DA SILVA, https://www-alternatives-economiques-fr./nicolas-da-silva/absenteisme-a-lhopital-non-soignants-ne-se-dorent-pilule/00105075.

19. – Le coût d'improductivité du remplaçant en rodage.

Quelle que soit la valeur du remplaçant, l'équipe intégrée devra souvent poursuivre ses efforts compensatoires du vide laissé par l'absentéiste. Car le remplaçant nécessitera peut-être un temps d'adaptation avant d'atteindre le rythme de travail attendu. Avant, il surviendra à coup sûr un coût d'improductivité.

La notion recouvre une insuffisante production (en quantité et/ou en qualité). Heureusement, l'improductivité constatée se résorbera à mesure que le remplaçant acquerra compétence et confiance en soi. De sorte qu'il cessera enfin d'interrompre (d'importuner) les compagnons de labeur, dont il attendrait conseils et précisions. Certes, nul n'est irremplaçable (85).

Mieux, une recrue ou ''*un bleu*'' peut se révéler particulièrement performant, en particulier en matière d'informatique et de réseaux sociaux, au point d'éclipser l'intérêt représenté par l'ancien collègue.

20. – Le coût d'image ou la mauvaise publicité consécutive à l'absentéisme du personnel.

Un employeur qui subit un sous-effectif du fait des absentéistes endure par ailleurs un coût d'image. En effet, les livraisons tardives, les

---

85) « *[...] la chambre sociale donne une grande leçon de modestie à tous ceux qui souffriraient d'un ego surdimensionné : nul n'est irremplaçable, y compris les acteurs et les stars. La magie du cinéma est sans limite : elle rend les comédiens interchangeables* » (Antoine CRISTAU, Force majeure : à l'impossible l'employeur serait-il tenu ? Droit social 2003. 388). Henri GUYOT, L'adaptation du droit du travail à l'ère numérique, La Semaine Juridique Social n° 37, 20 Septembre 2016, 1310 : « *l'objet du mail peut alerter sur une éventuelle urgence. Faute d'indication, le mail n'étant pas prioritaire, son traitement pourrait être mis en attente. De la sorte, le destinataire n'est plus soumis à la pression implicite résultant de la réception du message. En tout état de cause, c'est à ce dernier de prendre conscience que nul n'est irremplaçable* ».

attentes aux caisses, ou le report des prestations de service, sont de nature à exaspérer les clients (ou les usagers). Alors, il pourrait s'ensuivre le départ de certains d'entre eux et l'hésitation de potentiels autres (clients) à s'engager dans une relation d'affaires.

Plus encore, il y a le risque que les réseaux sociaux fourmillent bientôt de commentaires acrimonieux contre la structure débordée (86). Or les avis positifs sur un professionnel (dans les sites Web et les forums Internet) constituent de plus en plus le motif déterminant de contracter avec lui (87).

La mauvaise publicité en question désespérera à juste titre les salariés et managers s'ingéniant jusque-là à se montrer irréprochables aux yeux de leurs partenaires économiques.

21. – L'origine souvent extraprofessionnelle des motifs d'absence.

Les coûts (directs et indirects) de l'absentéisme apparaissent comme une fatalité pour tout employeur. Car plus des deux tiers de leurs causes (67 % environ) n'ont pas de lien avec le poste de travail ni avec l'entreprise en général (88).

---

86) Maïa KANTOR et Agnès TRICOIRE, La vérité qui blesse, nouveau concept de droit de la publicité, *Légipresse* 2017. 31.

87) « *La révolution de l'internet est certes technologique mais elle est surtout et avant tout une révolution économique qui n'est pas, comme on pourrait le croire, celle des business plans et de la net-économie, mais celle, plus importante, de la modification structurelle des circuits commerciaux et des réseaux de distribution des produits et des services* » (Éric BARBRY, L'internet et les réseaux de distribution, Gaz. Pal. 19 avril 2001, p. 29). Rym FASSI-FIHRI, Quel droit pour les réseaux sociaux ?, RDP 2018, p. 685.

88) Le salarié ne vient pas au travail lorsqu'il doit faire face à un évènement familial ou à un évènement de force majeure en lien avec la nature, la mécanique ou les mouvements sociaux. Mais, il ne vient pas non plus travailler si l'employeur l'envoie en formation, ou s'il lui ferme les portes de l'entreprise par une mise à pied. L'absentéiste peut en outre être

Toutefois, il reste déjà 33 % des causes d'absentéisme qui seraient donc en relation avec l'activité professionnelle des absentéistes. La proportion est même de 80 % pour les professeurs des lycées et collèges (89).

Une revue d'économie donne à lire que : *« le contrôleur de gestion estimait à l'aide d'une évaluation des coûts cachés […] que le coût de l'absentéisme lié à des causes professionnelles supporté par son usine s'élevait à environ 570.000 euros par an pour un effectif de 500 personnes sachant que le coût total de l'absentéisme représentait 1,9 millions [1.900.000] d'euros par an »* (90).

Si en l'espèce les causes professionnelles représentaient 570.000 € (dans les 1.900.000 € de dépenses), les causes non-professionnelles pesaient donc la différence. Autrement dit, 1.330.000 € ; soit 70 % des coûts directs et indirects de cette entreprise d'étude. L'employeur sera sûrement impuissant s'agissant de ces causes extérieures à son activité.

---

victime d'un accident du travail, d'une maladie professionnelle ou d'un risque psychosocial (RPS). Dès lors, l'employeur lui-même est la cause (peut-être involontaire) d'absences qu'il déplore.

89) Les professeurs sont absents parce qu'ils doivent : aller en formation professionnelle continue ; préparer des examens ; siéger dans des jurys ; accompagner des élèves en sorties scolaires. Cf. https://www.lemonde.fr/education/article/2017/03/08/la-cour-des-comptes-denonce-l-echec-durable-du-remplacement-des-enseignants-absents_5091389_1473685.html.

90) Jérémie GORGET, à la recherche de la méthodologie de management qui réduit les risques psycho-sociaux pour augmenter la performance, Le cas concret d'une grande entreprise industrielle, ISEOR, *Recherches en Sciences de Gestion,* 2016/2 *n° 113, pages 89* à 112, https://www.cairn.info/revue-recherches-en-sciences-de-gestion-2016-2-page-89.htm.

22. – L'illustration en chiffres du coût de l'absentéisme du personnel.

Selon une (autre) étude de gestionnaires, dans une entreprise comprenant 100 salariés, les coûts cachés annuels dus à l'absentéisme s'élevaient à 960.000 €. On pouvait les décomposer de la manière suivante : 183.000 € versés en salaires aux absents, en vertu des régimes sociaux en vigueur ; 15.000 € de surtemps, relatif à des actes supplémentaires de régulation, réalisés par les présents, en raison des absences ; 15.000 € de surconsommations, découlant des achats additionnels de services externes, toujours pour pallier les absences ; 747.000 € représentent la production normalement à la charge des absents, production restée en suspens, parce que les collègues présents n'étaient pas arrivés à s'en charger.

Le coût de l'absentéisme s'élevait ainsi à environ 9600 euros par salarié (960.000 € / 100) (91). Ajoutons que l'employeur aura peut-être par ailleurs subi une rectification (à la hausse) de son taux de cotisation AT/MP. Car les remplaçants et intérimaires sont souvent victimes d'accidents du travail (92).

---

91) Laurent CAPPELLETTI, Olivier VOYANT et Henri SAVALL, Quarante ans après son invention : la méthode des coûts cachés, *Association Francophone de Comptabilité*, ACCRA, 2018/2 n° 2, pages 71 à 91, https://www.cairn.info/revue-accra-2018-2-page-71.htm.

92) « *Selon l'office européen de la statistique (Eurostat) sur les accidents du travail en 2017, la France serait, au sein de l'Union Européenne, l'État membre qui compte le plus d'accidents mortels au travail (585 décès). Même si ce constat doit être relativisé dans la mesure [où] les systèmes nationaux de reconnaissance des accidents du travail sont très différents (La France serait la sinistre championne européenne des accidents du travail mortels : Liaisons sociales Europe 2020, n° 490, p. 2), il révèle néanmoins qu'il existe une marge de progrès certaine. Sans surprise, on relèvera encore que, selon les statistiques de la DARES, le taux d'accident du travail des intérimaires est très sensiblement supérieur à celui des salariés en contrat à durée indéterminée. C'est pourquoi, on ne peut que se féliciter de l'arrêt rendu par la chambre sociale de la Cour de cassation le 26 février 2020 car il a pour objectif d'améliorer la protection de la santé*

23. – La MCH et la MCF comme méthodes de calcul des coûts cachés de l'absentéisme.

La MCH est la méthode du capital humain ; et la MCF, la méthode des coûts de friction. Chronologiquement, la MCH aura été inventée la première, dans les années 1960. La méthode alternative, la MCF, l'aura été au milieu des années 1990. À la fin de la lecture de la présentation de ces deux méthodes de calcul des coûts cachés, chacun admettra sans doute que le patronat et les syndicats ne sauraient s'accorder sur celle à promouvoir.

Tant les résultats fournis par l'une et l'autre diffèrent dans leurs montants : des dépenses très élevées ou, au contraire, plutôt très faibles. La méthode du capital humain ne s'embarrasse pas de distinctions. En effet, elle englobe tous les manques à gagner et toutes les dépenses en lien avec les absences. La MCH prend donc en considération même des pertes simplement potentielles (93).

Plus subtile est la méthode des coûts de friction. Pour sa part en effet, elle tient compte du fait que les pertes réelles seront diminuées en

---

des travailleurs temporaires (Un progrès pour la santé des travailleurs intérimaires, interview J.-G. HUGLO par F. CHAMPEAUX : SSL n° 1897, 2 mars 2020, p. 12) » (Bernard BOSSU, Qui doit assurer la sécurité des travailleurs intérimaires ?, La Semaine Juridique Social n° 15-16, 14 avril 2020, 2001).

93) « *Les économistes de la santé s'accordent aujourd'hui sur la nécessité de comptabiliser les pertes de production dues à la maladie lors de l'évaluation économique des programmes de santé. Tels qu'estimés selon l'approche du capital humain, qui consiste à multiplier le nombre d'heures de travail perdues pour cause de maladie par le salaire brut augmenté des cotisations sociales employeur [...], ces coûts indirects représentent parfois la plus grande partie des coûts tangibles de certaines pathologies [...]* » (Hélène SULTAN-TAÏEB, Philippe TESSIER et Sophie BÉJEAN ; Capital humain et coûts de friction : Quels critères de choix pour l'évaluation des pertes de production ?, Revue économique, Vol. 60, No. 2, Le marché de la santé: efficience, équité et gouvernance (mars 2009), pp. 293-306 ; Sciences Po ; https://www.jstor.org/stable/40732105).

cas d'adoption de mesures palliatives. Dès lors, cette seconde méthode (la MCF) ne prend en compte que les pertes subsistantes.

La différence quantitative est impressionnante. Par exemple (pour 2003), s'agissant de l'absentéisme espagnol consécutif au cancer du sein, la MCH chiffrait le coût à 256.757.516 euros ; or, avec la MCF, (il) ne persistait en définitive qu'une somme de 11.620.966 euros (94). Il ne s'agit nullement d'un passage du simple au double, ou au triple, au quadruple, etc. ; l'on en vient même pas à dix fois plus, mais plutôt à 22. En bonne logique, l'invention d'une distinction entre coût apparent (MCH) et coût réel (MCF), se comprendrait fort bien.

24. – Les faiblesses intrinsèques des deux méthodes de calcul des coûts cachés.

Les auteurs ne poussent pas les DRH à privilégier systématiquement la méthode pourtant plus précise et apparemment réaliste du coût de friction. Car l'usage de cette MCF renferme une certaine complexité, du fait de la diversité des facteurs à considérer, puis à soustraire (du coût apparent).

En outre, les effets (positifs) des remplacements ne sont pas mesurables dans toutes les sortes d'activités économiques. Sauf peut-être quand il est possible de compter la production unitaire de chacun (95).

Pire, les remplacements ne sont pas forcément possibles en droit (règle du délai de carence entre CDD, interdiction de la neutralisation d'une grève). L'appel parallèle aux deux méthodes se comprendrait

94) Idem.

95) « *La production annuelle par ouvrier est également influencée d'une façon qui est loin d'être négligeable, par l'absentéisme. Les absences volontaires sont surtout très nombreuses dans certains bassins, et la conséquence en est une diminution importante de la production et une désorganisation du travail* » (Rapport sur le prix de revient de la tonne de charbon en Belgique, Revue de l'industrie minérale, 1921, Documents, n° 12).

donc, même s'il « *existe des situations dans lesquelles aucune de ces méthodes ne donne de solution satisfaisante* » (96).

25. – L'assimilation de chaque employeur public à la CPAM pour les IJSS versées à l'absentéiste malade.

Le calcul des pertes imputables à l'absentéisme diffère entre le secteur public et le secteur privé. La raison est qu'en cas de maladie, l'employeur privé abandonne à la CPAM la charge d'offrir au travailleur (désormais sans salaire) un revenu de remplacement (les IJSS ou IJ). Précisons néanmoins qu'au bout d'une semaine complète cet employeur ajoute à son salarié (ancien d'une année) un complément aux indemnités journalières déjà ainsi octroyées par la Sécurité sociale.

Pour sa part, l'employeur public assume (personnellement) la charge représentée par le traitement entier de son fonctionnaire (ou assimilé) indisponible pour maladie. Il est entendu que l'État et ses démembrements jouent eux-mêmes le rôle protecteur de la CPAM (97).

Il se trouve que selon une tradition désormais incertaine, « *l'État est son propre assureur* ». Car ses biens sont d'une si grande valeur que les cotisations et le capital social d'une compagnie d'assurance ne parviendraient pas du tout à les couvrir ; malgré éventuellement une coassurance ou une réassurance (98). Le concept joue

---

96) Hélène SULTAN-TAÏEB et autres, précités.

97) Didier JEAN-PIERRE, Le rapport de la Cour des comptes sur la rémunération des agents publics en arrêt maladie : un rapport, peu de comptes, *La Semaine Juridique Administrations et Collectivités territoriales* n° 38-39, 20 Septembre 2021, act. 554.

98) Le législateur dispense les personnes morales de droit public de l'obligation d'assurance qui pèse sur les constructeurs d'immeubles (Louis BAHOUGNE, Le principe suivant lequel l'État est son propre assureur, RFDA 2014, p. 1167 ; Louis BAHOUGNE et Xavier MOURIESSE, JurisClasseur Propriétés publiques, Fasc. 79-46, Vente en l'état futur d'achèvement, 12/04/2022).

également en matière d'assurance sociale : le maintien de la rémunération des fonctionnaires malades est à la charge de l'employeur public lui-même (et non pas de la CPAM).

Quelques atténuations existent. Ainsi, les collectivités territoriales sont nombreuses à contracter une assurance pour leur parc de voitures ou d'ordinateurs, ou pour leurs bâtiments. De même, la Sécurité sociale vole au secours d'un agent public dont l'indemnisation publique serait tellement faible qu'elle n'atteindrait pas le SMIC. On aurait pu penser que la situation de l'employeur public est plus rigoureuse que celle de l'employeur privé ; mais cela reste discutable (99).

26. – Un long délai de carence dans le secteur privé.

Dans le secteur privé, le salarié doit préalablement rester sans revenu (de substitution) durant trois jours, avant de pouvoir bénéficier des indemnités journalières de la Sécurité sociale (100). Pour leur part, les employeurs publics n'exigent de leurs personnels qu'un jour seulement de délai de carence ou délai d'attente.

---

99) Il est facile de répondre ici que les services publics vivent des prélèvements obligatoires auxquels les individus et les personnes morales sont astreints. De plus, s'agissant du financement de la Sécurité sociale (et donc de ses branches), les entreprises en sont les principaux contributeurs. Il s'agit alors de cotisations patronales pour la Gauche, ou de charges patronales pour la Droite. Cf. Isabelle VACARIE, La sécurité sociale et sa dette, *Droit social* 2022. 572 ; Xavier PRÉTOT, La sécurité sociale selon Jean-Jacques Dupeyroux, *Droit social* 2022. 301.

100) « *[...] les indemnités journalières en cas de maladie sont attribuées aux non-salariés agricoles à l'expiration d'un délai de carence, calculé à compter de la constatation médicale de l'incapacité de travail : ce délai était de 3 jours en cas d'hospitalisation. Désormais, les indemnités journalières sont versées au terme d'un délai de carence de 3 jours, à dater de la constatation médicale de l'incapacité de travail* » (Thierry TAURAN, Amélioration du régime de sécurité sociale agricole, décret du 29 avril 2022, Revue de droit rural n° 505 du 2022, 30).

Le côté pervers de la faveur est que le fonctionnaire malade s'arrêtera peut-être plus longtemps que nécessaire (avec la complicité de son médecin). Dès lors, par souci d'équité (ou plus encore d'économie) les fonctionnaires ont été invités à souffrir eux aussi le délai de carence, mais pour un jour seulement sans indemnisation (101).

Paradoxalement, plusieurs dispositifs des employeurs privés (surtout les gros) préservent leurs salariés du manque. Si bien que ne supporte vraiment l'attente d'un ou trois jours les fonctionnaires et les salariés des PME. Selon son orientation politique (de Gauche ou de Droite), l'observateur considérera le délai de carence appliqué au travailleur malade comme une culpabilisation injuste, ou bien comme une responsabilisation bienvenue (102).

27. – L'exclusion du (jour de) délai de carence pour certaines maladies.

Le (seul) jour de carence des agents publics est écarté en cas de longue maladie, ou en cas de grossesse. Il y a ainsi un maintien systématique de son traitement à la femme en grossesse si elle se retrouve en arrêt de travail (pour maladie). Dans ce cadre, les employeurs publics *"se sont empêchés"* d'économiser 4,3 M€ pour l'année 2019.

---

101) Le jour de carence institué sous Nicolas Sarkozy aura été supprimé sous François Hollande ; puis rétabli sous Emmanuel Macron. De fait, « *Son rétablissement en 2018 a été activement porté par l'Association des DRH des grandes collectivités territoriales pour des raisons d'équité avec les salariés du secteur privé et en tant que mesure responsabilisant les comportements individuels* » (Johan Theuret, FPT : de la nécessité de suspendre le jour de carence pendant la crise sanitaire, AJCT 2020. 441).

102) « *Le déficit de la Sécurité sociale constitue bien souvent un prétexte et une justification pour tous ceux qui envisagent de remettre en cause les solidarités essentielles qu'organise notre système de protection sociale* » (Martine AUBRY, Approfondir les solidarités et conforter notre système de protection sociale, Droit social 1998. 863).

Comment le sait-on ? En rapprochant le nombre de naissances de cette année-là (753.000) et les femmes fertiles du pays (de 24 à 44 ans) qui étaient alors agents publics (à savoir 20 % = 150.600 mères putatives). Certes, la période ainsi rémunérée (sans travail) n'est pas si longue, puisqu'une grossesse dure 40 semaines en moyenne. Et les 12 premières semaines sont souvent ignorées par l'employeur ; voire par la femme elle-même, notamment quand son corps et son esprit se seront ligués pour dénier l'existence de la grossesse (103).

Alors la conservation de la rémunération porte théoriquement sur la différence entre les deux durées plausibles, soit 28 semaines en général (104).

28. – Le coût pour les employeurs publics d'un défaut de délai de carence.

L'exclusion (par bienveillance) du délai de carence (chez la fonctionnaire en grossesse) s'étend souvent sur 22 semaines seulement. Parce que la femme n'est parfois plus au travail 6 semaines avant l'accouchement. Il s'agit du congé prénatal (105).

---

103) Félix ROME, Noir déni, *D.* 2009. 1521.

104) Sophie SERENO, Le clair-obscur des congés parentaux en droit du travail, Droit de la famille n° 2, Février 2022, étude 2 : « *[...] la mise en œuvre des congés parentaux se révèle complexe en raison de la coexistence d'une pluralité d'instruments à régimes juridiques différents. [...]. Les périodes d'absence sont assimilées à du temps de travail effectif, de sorte que les droits en termes de rémunération ne doivent pas être affectés* ».

105) La durée de ce congé prénatal est de 24 semaines quand la femme attend des triplets. Autant dire qu'elle n'aura pas le temps d'être malade (en arrêt maladie) et échapper à la journée de carence. Le même raisonnement pourrait être tenu pour la future mère de jumeaux (12 semaines de congé prénatal). La femme qui a déjà deux petits à sa charge bénéficie de 8 semaines. Ce sont donc les autres femmes (un seul enfant ou zéro) qui ont un congé prénatal de 6 semaines. Cf. https://www.ameli.fr/assure/droits-demarches/famille/maternite-paternite-adoption/duree-du-conge-maternite/conge-maternite-salariee.

Les enquêtes et les calculs de probabilité concluent qu'en 2019, c'est durant 50.300 jours que ces mères putatives auront eu un arrêt maladie immédiatement indemnisé. Pour connaître le montant du maintien de la rémunération spécifiquement au jour de carence sacrifié, il faut déterminer le traitement moyen quotidien des femmes en question. Vu que le rapport parlementaire de référence les aura imaginées comme appartenant à la catégorie B de la fonction publique, la rémunération journalière aura été évaluée à 88,15 € (106).

Une multiplication (88,5 € par 50.300) révèle ensuite que c'est 4,4 millions d'euros qui auront été généreusement pris en charge cette année-là par les employeurs publics. La somme paraît considérable et devrait interpeller la conscience budgétaire de chacun (107).

Tout au moins, si cette dépense n'est pas relativisée au regard des autres charges publiques. De plus, l'on devrait pouvoir mettre en avant l'objectif de préservation de la santé des femmes enceintes (108).

---

106) Ce choix n'est pas complètement arbitraire. S'agissant d'une moyenne, il aura pu sembler pertinent de retenir la catégorie B, laquelle est intermédiaire entre la catégorie A et la catégorie C ; la catégorie D étant désormais éteinte. De plus, la majorité des agents publics en relèvent. Mieux, ce sont les traitements correspondants qui sont servis à des corps de fonctionnaires (faussement) de catégorie A, tels que les professeurs des écoles et les infirmières. Leur rémunération est largement en dessous de leurs qualifications et de leurs responsabilités.

107) À croire Damien VIEILLARD-BARON, « *En proposant un jour de carence absolu généralisé à tous les salariés, le rapport Bérard-Oustric-Seiller va dans la bonne direction, mais de manière trop timorée* » (https://www.gerep.fr/2019/05/23/rapport-sur-labsenteisme-point-et-contre-point/).

108) Émilie CHALAS, Projet de loi de finances n° 4482 pour 2022, Mission « *Transformation et fonction publiques* ».

LE LIEN PROBABLE ENTRE LE TRAVAIL ET LA MALADIE OU L'ACCIDENT

Clotaire MOULOUNGUI
Maître de conférences hors classe à l'ULCO (académie de Lille)
Ancien Chef du Département Gestion des Entreprises et des Administrations
Responsable de la licence professionnelle Métiers de la Gestion et du Social

Résumé : L'activité humaine est ponctuée d'accidents plus ou moins graves, et plus ou moins prédictibles. Peu importe que cette activité se déroule pour soi ou pour autrui. Mais, dans le second cas, le salarié (ou le fonctionnaire) se demandera s'il ne serait pas possible de conclure à un accident du travail ou bien à une affection (une maladie) imputable au service.

Mots clefs : accident du travail ; maladie professionnelle ; cotisations employeurs ; indemnisation.

Abstract: Human activity is punctuated by accidents of varying severity and predictability. It matters little whether this activity is carried out for oneself or for others. However, in the latter case, the employee (or civil servant) will wonder whether it might be possible to conclude that this is a work-related accident or an illness (disease) attributable to the work.

Keywords: work-related accident; occupational disease; employer contributions; compensation.

1. – Le soupçon frénétique d'accident du travail ou de maladie professionnelle (ATMP).

L'activité humaine est ponctuée d'accidents plus ou moins graves, et plus ou moins prédictibles. Peu importe que cette activité se déroule pour soi ou pour autrui. Mais, dans le second cas, le salarié (ou le fonctionnaire) se demandera s'il ne serait pas possible de conclure à un accident du travail (ou bien à une affection imputable au service).

Comme dit une journaliste, *« aujourd'hui, on recherche davantage l'influence du travail dans la survenue de la maladie, qu'elle soit d'ordre physique, comme les troubles musculosquelletiques [TMS], ou d'ordre psychologique »* (109). Cette volonté se retrouve même chez les juges du fond (110).

L'enjeu est indemnitaire : celui pour qui l'on effectue du travail subordonné devra payer, indemniser. En 2017, le coût direct supporté par les entreprises en cotisations relatives aux accidents du travail et maladies professionnelles (ATMP) se montait à environ deux milliards d'euros (111).

---

109) Anissa BOUMEDIENE, Travailler malgré un arrêt maladie : «*Il y a ce mythe du cadre infaillible, mais c'est contre-productif*», 20 Minutes (site web), Mercredi 28 novembre 2018.

110) La cour d'appel de Montpellier (3 juin 2020) aura eu tort de conclure à l'existence (présumée) d'une faute inexcusable de l'employeur, alors qu'il fallait au préalable « *caractériser l'affectation du salarié [intérimaire] à un poste de travail présentant des risques particuliers pour sa santé ou sa sécurité* » et qu'il n'ait pas « *bénéficié de la formation renforcée à la sécurité* » (CASS. CIV. 2, 25 novembre 2021, n° de pourvoi : 20-17.434, société Guillot Cobreda).

111) « *Sur le plan national, le coût annuel des AT/MP s'élève à plus 7 milliards d'euros à la charge des employeurs* » (https://www.groupespeciallines.fr/garanties/risque-accidents-du-travail-et-malaadies-professionnelles/). Néanmoins, les non-déclarations et les sous-déclarations se montent à deux milliards d'euros (https://www.sante-

2. – L'intérêt pour le salarié de la qualification juridique d'ATMP.

Dès lors qu'il y a véritablement maladie professionnelle, il s'ensuit une *« une meilleure prise en charge »* pour *« la victime ou ses ayants droit »* (112). De plus, une plus importante indemnisation est obtenue de l'employeur à l'égard duquel une faute inexcusable est reconnue (113).

Il est normal que, sans (trop) rechigner, l'employeur indemnise la souffrance provoquée au salarié par son activité industrielle, économique ou associative. Par ailleurs, ce serait assurément un comble qu'il ose maugréer contre l'indisponibilité de la victime qu'il aurait pu préserver du risque finalement survenu (114). Certes, les intéressés doivent parallèlement agir contre l'organisme social, au risque d'irrecevabilité de leur demande.

---

et-travail.fr/jusqua-deux-milliards-deuros-sous-declaration-maladies-professionnelles).

112) Céline LEBORGNE-INGELAERE, A... comme accident du travail, *JA* 2014, n°495, p.54.

113) « *Depuis le début des années 1990, la chambre sociale de la Cour de cassation a reconnu une application originale du préjudice en droit du travail, tirant de la constatation d'une faute de l'employeur un préjudice nécessairement causé au salarié. Si, par un arrêt du 13 avril 2016, la Cour a semblé revenir sur cette exception aux règles du droit commun de la responsabilité civile, plusieurs décisions témoignent depuis lors d'une certaine survivance de ce mécanisme. Mais cette résurgence du préjudice nécessaire se produit par touches successives, sous des formes et dans des domaines variés, sans cohérence d'ensemble* » (Hakim GALI, La nécessité du préjudice en droit du travail, D. 2022. 908). Lucien FLAMENT, Stress, suicide et accident du travail, CSBP2010-222-D13. Il renvoie alors à l'article L452-1 du Code de la Sécurité sociale.

114) Anthony TARDIF, La présomption irréfragable de faute inexcusable de l'employeur en cas d'accident du travail survenu à la suite d'un signalement du salarié victime, *La Semaine Juridique Entreprise et Affaires* n° 50, 16 Décembre 2021, 1554.

En effet, vient de juger la Cour de cassation, *« l'action en reconnaissance de la faute inexcusable de l'employeur, formée par la victime ou ses ayants droit, doit nécessairement être dirigée contre l'employeur de celle-ci, en présence de la caisse de sécurité sociale »* (115).

3. – L'application à l'employeur du principe pollueur-payeur ou de la théorie du risque.

Si en matière environnemental le principe *« pollueur-payeur »* est récent, en droit social, celui de *« responsable-indemnisateur »* contre l'employeur remonte à des décennies. Quitte à ce que ce soit une responsabilité sans faute, mais c'est-à-dire pour risque ; à moins de songer à la responsabilité contractuelle du débiteur d'une obligation de résultat (116).

On s'interroge cependant sur la mesure des dommages des maladies professionnelles pour le salarié et pour l'employeur lui-même, de même que pour la société en général (117).

---

115) CASS. CIV. 2, 12 mai 2022, n° 20-22606, Caisse de mutualité sociale agricole des portes de Bretagne ; Thierry TAURAN, Action en reconnaissance de la faute inexcusable de l'employeur exercée par la victime, *Droit rural* n° 505, Août 2022, comm. 121.

116) L'employeur est réputé débiteur d'une obligation de sécurité (de résultat). L'avantage de la responsabilité contractuelle (sur l'extracontractuelle) est la certitude de l'indemnisation du moment que l'obligation souscrite n'a pas été satisfaite, et que le débiteur ne peut se retrancher derrière la force majeure (et autres faits du prince, de la loi, etc.). La responsabilité extracontractuelle (une fois ses conditions réunies) s'avère patrimonialement généreuse : réparation intégrale de tout le préjudice subi. Or, tel n'est pas le cas dans la responsabilité contractuelle, sauf si le débiteur a été de mauvaise foi, a commis une faute lourde… Le droit du travail parle plutôt de "faute inexcusable".

117) https://www.ameli.fr/entreprise/votre-entreprise/cotisation-accidents-du-travail-et-maladies-professionnelles/mp/atmp-definition: « *Les cotisations des entreprises servent très majoritairement à indemniser les victimes de maladies professionnelles et d'accidents du travail ou leurs ayants droit*

Selon un auteur, « *leurs coûts sont directs ou indirects. Dans le premier cadre, l'on range les soins hospitaliers et les soins de ville. S'agissant des coûts indirects, ils se subdivisent en coûts de morbidité (absentéisme et présentéisme) et de mortalité (fin de la participation aux activités marchandes et non marchandes)* » (118).

4. – Les TMS, le mal de dos et quelques cancers comme maladies professionnelles.

Selon la Sécurité sociale, le mal de dos représente 20 % des accidents du travail, tandis que les troubles musculosquelettiques (TMS) représentent 87 % des maladies professionnelles. Près de la moitié

(96 % des montants collectés en 2017). Le reste du montant des cotisations AT/MP payées par les entreprises est consacré aux actions de prévention menées par l'Assurance Maladie – Risques professionnels, auprès des entreprises via son réseau de caisses régionales (Carsat, Cramif, CGSS) et l'Institut national de recherches et de sécurité (INRS). Par ailleurs, 3 risques représentent à eux seuls 30 % du montant des indemnisations versées aux salariés victimes d'accidents ou de maladies liés au travail. Il s'agit de l'amiante, du mal de dos (également nommé lombalgie) et les troubles musculosquelettiques ».

118) Eugène Hassan SERRIER, Théories et méthodes d'évaluation du coût social de facteurs de risque professionnels en France : application au cas des cancers d'origine professionnelle, Résumé de Th. Sciences économiques, Dijon, 2011. « *Pour l'année 2010, le coût social de ces cancers était compris (en France) dans une fourchette allant de 986 à 1 248 millions d'euros, selon l'approche par la prévalence. Pire, selon l'approche par incidence, les sommes vont plutôt de 1 223 à 1 586 millions d'euros* ». Hélène SULTAN-TAÏEB, Philippe TESSIER et Sophie BÉJEAN ; Capital humain et coûts de friction : Quels critères de choix pour l'évaluation des pertes de production ?, Revue économique, Vol. 60, No. 2, Le marché de la santé : efficience, équité et gouvernance (Mars 2009), pp. 293-306 ; Sciences Po ; https://www.jstor.org/stable/40732105.

de ces TMS entraînent des séquelles lourdes, avec alors des risques de désinsertion professionnelle (119).

Cela étant, chacun (de nous) est certainement ébranlé, en entendant parler de cancers dus au travail. Précisément, il y en a au moins trois sortes : le cancer du poumon ; celui des naso-sinus ; et celui des mésothéliomes de la plèvre. Les produits et éléments qui en sont la cause sont : l'amiante ; les fumées d'échappement des moteurs diesel ; les peintures ; la silice cristalline ; les poussières de bois ; les poussières de cuir.

Le lien de la maladie avec le travail consiste d'abord et surtout en une causalité directe. Toutefois, l'état de santé d'une personne peut simplement ne pas s'améliorer et, au contraire, se dégrader à cause de son activité professionnelle. En pratique, quelques professions et métiers ne laissent pas de temps de repos et de convalescence à ceux qui les exercent. On devine facilement qu'une affection traitée tardivement ou insuffisamment s'aggravera et/ou deviendra chronique.

5. – La rétrospective sur les risques professionnels des salariés.

Deux auteurs ont récemment procédé à un historique des risques professionnels. Selon eux, *« l'insécurité ouvrière s'est accrue au fil du développement du machinisme dans l'industrie »* (120). Voilà pourquoi les accidents du travail avaient fini par être pris en compte dans une législation spécifique (loi du 09 avril 1898).

Toutefois, c'est seulement après d'âpres luttes ouvrières que les maladies professionnelles auront été reconnues en tant que telles,

---

119) https://www.ameli.fr/entreprise/sante-travail/risques/troubles-musculosquelettiques-tms/tms-definition-impact.

120) Maryse BADEL et Loïc LEROUGE, Les maladies professionnelles cent ans après : reconnaissance et indemnisation, des défis toujours actuels, *Droit social* 2020. 975.

par la loi du 25 octobre 1919 (121). Celles-ci sont présentent néanmoins plusieurs manques par rapport aux accidents du travail : le préjudice souffert ne saute pas forcément aux yeux, et il survient parfois bien longtemps après l'exposition dénoncée.

C'est précisément ce côté visible des sources d'affections qui aura initialement guidé les mesures de prévention recommandées (122).

6. – La persistance des risques malgré la réduction du temps de travail et donc de l'exposition.

On a pu croire qu'en réduisant le temps d'exposition à une nuisance, le risque d'en souffrir diminuerait d'autant. Malheureusement, la grande réduction du temps de travail n'a pas fait refluer les risques dommageables dans les mêmes proportions. Et dire que parallèlement il y aura eu de meilleures conditions de travail et du temps libre pour se détendre et se régénérer !

En réalité, « *tous les indicateurs témoignent d'une détérioration des conditions de travail alors même que la durée du travail est moindre qu'avant. [...]. Aujourd'hui, de nouveaux types d'usure apparaissent*

121) « *Le régime d'indemnisation de ces maladies, calqué sur celui des accidents du travail, est en outre contraignant. Les victimes sont assurées d'un socle d'indemnisation sommaire et elles ne peuvent bénéficier d'indemnisation complémentaire et complète que dans des cas limités, ce qui invite à envisager des perspectives d'amélioration* ».

122) Il convenait par exemple de fournir le charbon quotidien, en sus du poêle, pour permettre aux travailleurs d'affronter les rigueurs de l'hiver ; ou par exemple de mieux aérer les mines, pour un meilleur apport en oxygène. La fourniture des équipements de protection (collectifs et/ou individuels) ont ensuite visé le bruit, le contact avec les poisons, l'exposition aux radiations, l'inspiration de poussières. La philosophie générale fut de définir des valeurs limites d'exposition. Au-delà, la maladie risquait de se rajouter à la pénibilité du travail, de même qu'à l'agacement déjà provoqué par les conditions déplorables de travail. Ensuite, ou parallèlement, une philosophie des temps maximum a vu le jour. L'idée était de se préoccuper des rythmes de travail, ou des amplitudes horaires, par exemple.

donc, avec des atteintes plus qualitatives, à type de pressions, de tensions, de stress, etc. »

7. – La souffrance psychologique à la place de la pénibilité physique.

Depuis deux décennies, la souffrance au travail a largement débordé la durée du labeur et sa forte pénibilité, pour revêtir une dimension psychosociologique. Les auteurs mettent en exergue, d'une part, la nécessité de la variabilité, de l'indépendance et de la valeur du travail. D'autre part, ils pointent le besoin de relations interpersonnelles harmonieuses au travail (123).

Ces dernières pâtissent forcément de la moindre situation de harcèlement. À cet égard, il est commun qu'ensuite il en découle de l'absentéisme. En revanche, il est rare qu'il s'agisse d'un harcèlement sexuel, et plus encore, que celui-ci provienne d'une femme envers un collègue homme (124).

---

123) Sophie FANTONI-QUINTON, L'évolution du temps de travail et les enjeux relatifs à la santé des salariés, *Droit social* 2010 p.395.

124) Cour d'appel de Lyon, ct0229, 22 octobre 2007, N° de RG : 06/0538, https://www.legifrance.gouv.fr/affichJuriJudi.do?oldAction=rechExpJuriJudi&idTexte=JURITEXT000017703117&fastReqId=955196836&fastPos=1. En l'espèce, Valérie, infirmière à S.A. La Saison Dorée, en a été licenciée parce que l'un de ses collègues (Aurélien) refusait désormais de venir travailler en binôme avec elle. Cette réticence s'expliquait par les propositions indécentes et les mains aux fesses dont Valérie se rendait coupable, ainsi que le démontrait une attestation remise à l'infirmière cadre. Cette dernière a dès lors établi un rapport (le 14 mai 2004). La cour d'appel de Lyon (22 octobre 2007) a confirmé le jugement du conseil de prud'hommes de cette ville (7 juillet 2006). Motif : « *l'ensemble des fautes commises par Valérie X... depuis juillet 2003 révèle de la part de la salariée une inadaptation aux contraintes d'une vie professionnelle et un manquement persistant à ses obligations tant vis-à-vis de son employeur qu'à l'égard de son collègue Aurélien A., rendant inéluctable la rupture du contrat de travail* ». Les juges ont même semblé s'étonner tant de la

Les victimes n'en finissent pas de se questionner sur eux-mêmes et sur les autres ; au point d'en perdre l'appétit, le sommeil et la joie de vivre. Un sigle s'impose dans ces cas de figure : RPS (risques psychosociaux). Naturellement, plus il y aura de cas identifiés de RPS dans la structure, plus s'accentuera la probabilité d'absentéisme.

8. – Les reproches à foison contre l'employeur du salarié en souffrance jusqu'à la mort peut-être.

L'employeur pourrait sembler exempt de reproche à propos de la situation (physique ou psychologique) dégradée du salarié. Mais, son éventuelle innocence sur la cause de la maladie ne le dispense pas pour autant d'en tenir compte en matière de gestion du travail et des effectifs (125). Car l'inadéquation entre la personne et son emploi produit des drames. Autrement dit, l'employeur devra toujours adopter les mesures préventives appropriées.

Dans une espèce, aussitôt après que sa responsable hiérarchique lui eut annoncé la réduction (à une semaine seulement) de la durée d'une formation professionnelle à dispenser au Brésil, un ingénieur se jeta dans le vide. Concrètement, il enjamba la passerelle du troisième étage du bâtiment principal où avait eu l'entretien. Or, cette question de la durée de la formation était une pomme de discorde depuis bien des mois déjà. En considération de cet élément et d'autres encore, les juges conclurent à *« des méthodes managériales pathogènes ayant conduit au suicide d'un salarié »* (126).

---

patience de l'employeur que de son refus de retenir la faute grave contre l'intéressée.

125) Patrice ADAM, Cosmologie du harcèlement moral, *La Semaine Juridique Social* n° 30-34, 2 Août 2022, 1206.

126) Dominique ASQUINAZI-BAILLEUX, *"Maltraitance" managériale* conduisant au suicide du salarié, *La Semaine Juridique Social* n° 24, 14 Juin 2011, 1289.

Le lien probable entre le travail et la maladie ou l'accident

L'employeur croyait pouvoir échapper à sa responsabilité en soutenant que l'intéressé se tenait seul sur le palier (et était donc seul responsable, puisqu'il n'avait pu être poussé). Certes, nul dans l'entreprise n'avait accompli de volontaire acte physique mortifère (la poussée fautive). Mais, il existait un trop-plein qui aura servi de terreau à des idées noires (127).

Or, il est certain que l'employeur s'en rendait compte, ou aurait dû se rencontre compte de son (propre) devoir d'agir en vue de la préservation de la santé et de la personne du salarié. Une telle façon de voir les choses (quant au porteur de la faute d'un suicide) résulte d'une longue évolution historique et d'une révolution au sein des structures de travail (128).

L'employeur, qui aura contribué à l'indisponibilité permanente de son salarié (mort ou désormais grabataire), ne saurait ensuite s'émouvoir de leur absentéisme.

---

127) « *Il est fréquent de distinguer le suicide conscient du suicide inconscient. De caractère « philosophique », le premier est celui qu'un individu en pleine possession de ses capacités physiques et intellectuelles a souhaité, tant du point de vue de l'acte que de ses conséquences dommageables. Il est alors qualifié de faute intentionnelle privant l'individu, en droit de la sécurité sociale, du bénéfice des prestations en espèce ; en droit des assurances, il peut devenir une cause d'exclusion de la garantie de l'assureur. Dans le second type de suicide, l'individu agit sous l'empire d'un trouble psychique, qu'il soit prolongé ou soudain. L'acte n'est plus considéré comme intentionnel : l'homme est conduit au suicide pour échapper à une souffrance morale qu'il ne parvient pas à assumer* » (Franck PETIT, Le suicide au travail : de la faute intentionnelle du salarié à la faute inexcusable de l'employeur, PA200913204).

128) Cela est résumé par le titre de la note sous arrêt suivante : Franck PETIT, Le suicide au travail : de la faute intentionnelle du salarié à la faute inexcusable de l'employeur, précité.

9. – L'exposition constante des travailleurs sociaux aux RPS.

Les travailleurs sociaux traitent en permanence avec des *"cas sociaux"*. Or ces derniers sont trop souvent victimes d'une addiction (aux stupéfiants ou à l'alcool), laquelle fait qu'ils s'expriment avec une certaine violence verbale, voire physique. Ces professionnels sont par ailleurs constamment exposés aux diverses facettes de la misère humaine (malnutrition, saleté, incestes, coups et blessures, etc.).

Or, ils ne doivent pas flancher ; convaincus de leur intérêt de leurs interventions, ils sont convaincus qu'ils doivent les poursuivre. Parfois jusqu'à l'épuisement (129).

10. – L'usure progressive même du personnel recruté en bonne santé.

Tout employeur doit s'adapter au potentiel de santé d'un personnel qu'il n'aura pu recruter en le scrutant (licitement) sous toutes les coutures (130).

---

129) Hélas, un arrêt maladie oblige les collègues à travailler davantage, pour pallier l'absence du malade, lequel ne profitera pas de son temps de convalescence. Il reviendra plus tôt que nécessaire, torturé par le devoir à accomplir auprès des assistés sociaux et par la surcharge de travail causée aux collègues. C'est une question de culture professionnelle (Valérie CHATEL, Mettre fin à la solitude des managers, *AJ Collectivités Territoriales* 2013 p.29). Bien entendu, les RPS correspondant diminueraient nettement, si les professionnels du social n'avaient plus au devant du danger en se rendant au domicile de leurs usagers. Mais alors, c'est leur métier même d'assistance qui perdrait de sa substance. Parlant d'un domaine voisin, une rédactrice d'une revue juridique a néanmoins affirmé qu'en matière de prévention contre les RPS, « *le secteur de l'économie sociale joue le rôle du bon élève* » (Laurence TUR, Conditions de travail, Risques psychosociaux : les maux du travail, *Juris associations* 2011, n°436, p.39).

130) Notre société est devenue inclusive : il faut y donner de la place aux malades et autres handicapés. La fragilité de la recrue n'est plus

Il est entendu qu'il ne doit s'impliquer dans la connaissance de la vie privée ou de l'état santé du travailleur que lorsque ce dernier sollicite un avantage spécifique fondé sur ces bases. Le sport de haut niveau, surtout celui en équipes, est assurément l'exception qui confirme cette règle de la nécessaire discrétion patronale (131).

Or, il y a un lien (sinon causal, au moins corrélatif) entre certains facteurs et l'indisponibilité consécutive du travailleur. Sur une décennie (2003-2011), et sur une même semaine de référence pour toutes les années en question, l'INSEE a procédé à des comparaisons.

D'après cet organisme public, voici des facteurs de nature à influencer l'assiduité : l'âge, le sexe, le type de contrat de travail, les conditions de travail, la catégorie professionnelle et l'exposition aux risques psychosociaux (132).

Au ministère du travail, la DARES indique pareillement (entre autres) que l'âge a une incidence sur l'absentéisme (133). Ce serait entre 55

---

certainement un argument admissible. Même à l'armée ? Tout au plus l'examen médical doit-il permettre d'éviter la contagion à d'autres membres du personnel, puis les soins nécessaires à l'intéressé.

131) Le club qui "achète" un joueur lui fait passer une visite médicale, afin de s'assurer de sa capacité à se confronter à des compétitions ; ce qui justifiera son "prix". Hervé PAPAVERO, jurisprudence en *Droit social* du sport, *Gaz. Pal.* 8 nov. 2007, p. 62 : « *Il est de droit constant que les motifs tirés de la vie privée du salarié ne peuvent constituer une cause réelle et sérieuse de licenciement. Pour autant, un sportif professionnel lié par un contrat de travail à durée déterminée avec son club employeur se doit de respecter toutes les obligations contractuelles inhérentes à sa profession* ».

132) RÉDACTION, *La Semaine Juridique Social* n° 9, 26 Février 2013, act. 102.

133) Les jeunes travailleurs ayant une meilleure santé, ils s'absentent moins souvent pour maladie. Le taux d'absentéisme est particulièrement bas chez les salariés âgés entre 20 et 24 ans. Sans doute s'agit-il de personnes sans charge de famille, et dont le contrat n'étant pas encore solidifié par la longue durée, entendent témoigner de leur disponibilité. DARES, Les risques psychosociaux accroissent l'absentéisme, *DA*RES Analyses n° 009, février 2013.

ans et 59 ans que les salariés s'arrêteraient le plus souvent pour maladie (134).

Un auteur s'autorise alors à écrire qu'il existe une forte progression de l'absentéisme lié à la fatigue et à l'usure. Ce qui, selon lui poserait même avec acuité *« la question du management des seniors dans une fonction publique qui, à force de raisonner en filière ou désormais en métiers, ne sait pas encore préparer les changements de métiers successifs dans une carrière de plus en plus longue »* (135).

11. – L'insuffisance de sommeil comme cause d'accidents du travail.

La responsabilité de l'employeur dans la maladie et l'indisponibilité de ses propres travailleurs renvoient par ailleurs à la nécessité de bien dormir. Il est bien connu que la qualité du sommeil pâtit de l'existence d'un état de stress, ou à tout le moins de contraintes insurmontables au travail. Malgré la fatigue alors endurée, les intéressés échouent paradoxalement à s'abandonner dans les bras de Morphée (136).

Une insomnie accidentogène plane en particulier sur l'activité des médecins urgentistes. Pourquoi ? Parce que l'exigence législative de la permanence des soins se vérifie d'abord et surtout auprès d'eux. Pour assurer les gardes nécessaires, ces professionnels de santé se

---

134) Après 60 ans, et contrairement à ce que l'on se dirait intuitivement, la proportion d'absentéistes devient moindre. La raison est simple à comprendre : les vieux les plus cabossés par la vie se seront arrêté un peu avant. C'est une sorte de sélection naturelle, comme aurait pu dire Darwin.

135) Bernard DREYFUS, La fonction publique territoriale, une majorité perfectible !, *AJDA* 2012 p.1712.

136) Gaetan DE LAVILLÉON, Marie LACROIX, et Emma VILAREM, 30 nov. 2018, https://www.usinenouvelle.com/blogs/le-blog-des-experts-des-neurosciences/pourquoi-le-sommeil-est-il-aussi-la-responsabilite-de-l-entreprise.N776949.

privent de sommeil de façon habituelle. Certes, il y a des rares moments d'accalmie ; mais leur survenance est aléatoire.

De fait, les urgentistes n'arrivent pas à vraiment en profiter ; car ils doivent demeurer en état d'hyper vigilance ; il ne faut pas en effet se déconcentrer. Selon une praticienne hospitalière, *« la pratique de la médecine d'urgence est une pratique atypique de la médecine »* (137).

L'activité exercée (et donc l'employeur, d'une certaine manière) a une part importante dans les maladies et accidents susceptibles d'arriver aux urgentistes et à leurs patients (138).

12. – L'arrêt de travail en vertu du bon sens de la personne maladive.

Il est quelquefois salutaire que le salarié anticipe l'APMP et s'arrête de lui-même, sans attendre de sauf-conduit hiérarchique ou médical. Au fond, blâmerait-on le salarié épuisé ou ivre qui se refuserait à aller prendre son poste de travail ? Sans doute le Chef d'entreprise n'hésitera-t-il pas : il pèse sur lui une obligation de sécurité de résultat au profit de chacun de ses salariés (139).

La plupart des accidents sur autoroute commencent par un banal bâillement, lui-même suivi par d'éclipses de somnolence. Hélas, peu

137) Docteur Fatima BARGUI, État des lieux de la santé des médecins urgentistes vu par le prisme de la dette de sommeil, 7 novembre 2019, http://diu-soignerlessoignants.fr/wp-content/uploads/2019/11/Bargui-Urgentistes-%C3%A9tat-de-sant%C3%A9-et-dette-de-sommeil-2019.pdf

138) Encore une fois, beaucoup plus que leurs collègues d'autres spécialités, les urgentistes sont exposés au risque d'erreurs et aux troubles de la santé cognitive. C'est un problème dont l'employeur doit se saisir à bras le corps.

139) Matthieu BABIN, L'obligation de sécurité de résultat, nouvelle approche, La Semaine Juridique Social n° 2, 17 Janvier 2016, 1011 : « *L'obligation de sécurité s'inscrit bien dans une optique de prévention qui s'étend potentiellement à tous les risques ; mais elle n'a pas pour autant vocation à permettre d'engager la responsabilité de l'employeur chaque fois que la santé du travailleur est menacée ou altérée* ».

d'usagers de la route ont clairement conscience de ce risque et de ses signaux précurseurs ; malgré peut-être leur probable connaissance de la statistique mortuaire (140).

13. – L'utilisation calculée de son temps d'arrêt de travail.

Plusieurs bénéficiaires d'arrêts maladie y renoncent, au moins en partie (141).

Selon une auteure, le travailleur arbitre alors entre sa santé et sa carrière (142). D'une part, en effet, ne point s'arrêter complètement présentera (peut-être) des risques pour sa santé future. D'autre part, choisir l'absentéisme compromettra (peut-être) l'espoir de promotion, sinon le maintien même dans l'emploi.

En vérité, le reproche ou la supplique du simple collègue, pourtant sans influence sur notre emploi, peut nous inciter à ne pas accepter l'arrêt de travail suggéré par notre médecin traitant. La raison est

---

140) https://www.securite-routiere.gouv.fr/dangers-de-la-route/la-fatigue-et-la-conduite.

141) « *[...] l'employeur, tenu d'une obligation de sécurité de résultat en matière de protection de la santé et de la sécurité des travailleurs dans l'entreprise, doit en assurer l'effectivité. Il ne peut dès lors laisser un salarié reprendre son travail après une période d'absence d'au moins huit jours pour cause d'accident du travail sans le faire bénéficier lors de la reprise du travail, ou au plus tard dans les huit jours de celle-ci, d'un examen par le médecin du travail destiné à apprécier son aptitude à reprendre son ancien emploi, la nécessité d'une adaptation des conditions de travail ou d'une réadaptation ou éventuellement de l'une et de l'autre de ces mesures* » (Sylvie BOURGEOT et Michel BLATMAN, De l'obligation de sécurité de l'employeur au droit à la santé des salariés, Droit social 2006. 653). Selon une enquête de la mutuelle Malakoff Médéric, dans le secteur privé, il s'agirait de 48 % des dirigeants salariés, et de 22 % des cadres. Bref, seulement 30 % des arrêts de travail sont entièrement mis en œuvre par les intéressés.

142) Mireille ZANARDELLI, Impact de la maladie sur la décision d'absence ou de présence au travail : analyse économique du présentéisme, appliquée au Luxembourg, Th. Sciences économiques, Lorraine, 2014, Résumé.

d'éviter le soupçon d'avoir bénéficier d'un certificat médical de complaisance. Pourtant, l'employeur doit savoir exiger du salarié qu'il ne revienne pas trop vite reprendre son poste de travail.

La reconstitution des aptitudes intellectuelles, psychiques, et physiques de celui-ci doit être préalablement constatée par le médecin du travail (143). Telles sont les fonctions des examens de prereprises et de reprises (144).

14. - Le droit au repos des femmes enceintes et des parturientes.

Le certificat médical légitimant l'arrêt de travail ne vise pas toujours à constater une maladie. C'est le cas de celui relatif à la grossesse puis à l'accouchement. Des réflexions critiques s'élèvent néanmoins à ce niveau, parce que certaines parturientes ne prennent pas le temps d'en retirer le profit prévu. Or, l'employeur se satisfait apparemment de leur empressement à se remettre à sa disposition.

Pourtant, le Code du travail affirme (en son article L1225-29) que : « *Il est interdit d'employer la salariée pendant une période de huit*

---

143) Stéphane BÉAL et Magali MARGUERITE, Au croisement des jours fériés, du repos quotidien, du salaire et du droit à la santé, *La Semaine Juridique Social* n° 41, 9 Octobre 2012, 1417 ;

144) « *La visite de préreprise continue à être obligatoirement organisée par le médecin du travail pour le salarié placé en arrêt de travail d'une durée de plus de 3 mois, à l'initiative du médecin traitant, du médecin de la caisse ou du salarié. L'objectif de cet examen est de favoriser le maintien dans l'emploi du salarié (C. trav., art. R. 4624-29). La visite de reprise, dont l'objet est d'établir l'aptitude médicale du salarié à reprendre son poste, doit avoir lieu dans les 8 jours de reprise du travail, l'employeur ayant l'obligation de saisir le service de santé au travail dès qu'il a connaissance de la fin de l'arrêt de travail. Cette visite est impérative après un congé de maternité, une absence pour maladie professionnelle ou après une absence d'au moins 30 jours suite à accident du travail ou un accident ou maladie non professionnelle (C. trav., art. R. 4624-31)* » (Caroline FERTÉ, La santé au travail après le 1er janvier 2017, La Semaine Juridique Social n° 1, 9 Janvier 2017, 1001).

semaines au total avant et après son accouchement. // Il est interdit d'employer la salariée dans les six semaines qui suivent son accouchement ». Selon un professeur d'autrefois, il s'agit alors d'un *« repos légal obligatoire »* (145).

15. – Le refus de leur congé de maternité par quelques femmes.

La contravention à l'exigence de se reposer est le fait de deux catégories de femmes. D'un côté, celles qui exercent à leur propre compte et, de l'autre côté, les personnalités politiques. Cette seconde catégorie comporte divers noms bien connus en France (146) ; et à l'étranger (147).

Les retours rapides au travail (souvent dans la semaine de l'accouchement) n'ont pas que des défenseurs. Déjà, d'autres femmes politiques croient devoir claironner leur volonté d'user complètement de leur congé de maternité. Il existe des exemples tant en France (148) ; qu'à l'étranger (149).

145) G.H. CAMERLYNCK, Le contrat de travail, tome 1, 2ème édition, Dalloz, 1982, n° 291. Grâce à la période imposée par la loi, précisait-il, « *se trouvent évitées toute pression morale de l'employeur ainsi que la tentation pour la femme d'abandonner son travail trop tard avant l'accouchement ou de le reprendre trop tôt après* ».

146) Ségolène Royale, ministre de l'Environnement, en 1992 ; Rachida Dati, ministre de la Justice, en 2009, Florence Parly, secrétaire d'État au Budget, en 2001.

147) Sarah Palin, gouverneur de l'Alaska, 2008 ; Marissa Meyer, PDG de Yahoo, 2012.

148) Axelle Lemaire, secrétaire d'État au Numérique, 2016.

149) Carme Chacon, ministre espagnole de la Défense, 2008 ; Première ministre Jacinda Ardern de Nouvelle-Zélande (N-Z), 2018 ; Julie Genter, Ministre des femmes, (N-Z), 2018.

Le lien probable entre le travail et la maladie ou l'accident

Les associations féministes sont partagées sur ce qu'il conviendrait d'en penser (150), tandis que des médecins s'en offusquent clairement (151).

Ces derniers redoutent la remise en cause (à la suite d'une extension analogique ou d'un raisonnement a fortiori) d'un avantage social destiné à requinquer les mères et fortifier leur lien d'attachement avec le bébé.

---

150) À croire le site Web de Libération, L'historienne Florence MONTREYNAUD, présidente de l'association des « *Chiennes de garde* » déplore que Rachida Dati ait voulu reproduire « *l'exploit monstrueux des ouvrières des années 20, dont 20% accouchaient à l'usine. Sans doute, parce que « dopée à l'adrénaline du pouvoir », pouvait-elle ainsi agir ; mais elle fracture le monde des femmes en "superwomen" et "mauviettes"* (https://www.liberation.fr/france/2009/01/08/le-conge-maternite-eclair-de-dati-choque-les-associations-feministes_301206). Isabelle Alonso, fondatrice des Chiennes de garde, est moins catégorique, admettant que « *ce n'est pas une maladie* », et « *partout dans le monde et depuis toujours les femmes ont accouché ET travaillé* » (https://www.ladepeche.fr/article/2009/01/09/520583-retour-rapide-dati-remet-cause-conge-maternite.html (Philippe RIOUX)). Même une femme de Droite (Sophie de Menthon), de surcroît Chef d'entreprise (PDG de Multilignes Conseil), aurait dit que Rachida Dati, en écourtant son congé, et en jouant la "superwoman", « *dessert la cause des femmes* » (https://www.ladepeche.fr/article/2009/01/09/520583-retour-rapide-dati-remet-cause-conge-maternite.html).

151) Pour le professeur Jacques LANSAC et ses collègues gynécologues, « *le temps biologique nécessaire à la mère et à l'enfant doit être pris en compte. Ce temps est aussi très important pour le couple. On ne peut pas faire de la naissance un événement pour lequel on prend un rendez-vous de quelques heures et on repart travailler ensuite. [...]. Nous ne voulons pas que les femmes restent à la maison, mais il nous semble nécessaire d'insister sur l'importance de prendre du temps pour leur bébé, chose acquise dans la société* » (https://www.enfant.com/articles/grossesse/accouchement/les-gynecologues-critiquent-rachida-dati/).

16. – Les professions incompatibles avec la vacance et les vacances.

Malgré une contamination, le président Emmanuel Macron, à l'instar d'autres hauts dirigeants atteints par la covid-19, a continué à travailler. Il était pourtant censé se trouver en arrêt-maladie. Que faut-il en dire ? Sachant que ses décisions sont particulièrement importantes, puisqu'elles engagent des vies humaines, des dépenses budgétaires, des relations diplomatiques, etc.

Un raisonnement a fortiori finirait par inciter la plupart des fonctionnaires de commandement à ne jamais se porter pâles. Deux de ses prédécesseurs (Georges Pompidou et François Mitterrand) ont d'ailleurs mené de front les lourdes fonctions présidentielles et les traitements abrutissants et épuisants nécessités par le cancer (médicaments, chirurgie, chimiothérapie, radiothérapie, etc.) (152).

L'exercice du pouvoir suprême a-t-il contribué à les maintenir le plus longtemps possible en vie (adrénaline et endomorphine du décideur, meilleure prise en charge), ou bien les a-t-il précipité plus rapidement dans la tombe (repos insuffisants, efforts incessants, discontinuité des soins) ? Le doute s'impose s'agissant de telles personnalités ou d'autres comparables (153).

Mais, en général, ne point profiter de son congé de convalescence contribue rarement à recouvrer complètement ses capacités

152) Le certificat médical de complaisance dont bénéficiait alors le Président Mitterrand ne visait nullement à lui inventer une maladie ou à l'exagérer. Bien au contraire, le docteur Gubler était prié de dénier ou de minimiser les maux de son puissant patient. Huit jours après le décès de celui, il en parla alors, dans un livre certainement écrit de longue date en secret : « *Le Grand Secret* ».

153) Le pape Jean-Paul II, atteint de la maladie Parkinson, était faible et incapable de contrôle les muscles de ses joues, au point d'être baveux. Il prétendait ne pouvoir démissionner, car tel était son sacerdoce. C'est pourtant ce que fit son successeur Benoît XVI, pourtant plus jeune et en meilleure forme physique.

intellectuelles et physiques. C'est une sorte de faute, sinon juridique, du moins morale ou sociale (154).

154) « *Afin de continuer à bénéficier des indemnités journalières auxquelles il peut prétendre, l'assuré social doit s'abstenir d'exercer une quelconque activité pendant la durée de la prescription médicale de l'arrêt de travail. Il s'agit ainsi de lui permettre de prendre le repos nécessaire au rétablissement de son état de santé. La reprise d'une activité à temps partiel peut néanmoins être autorisée sur prescription du médecin si elle comporte un effet bénéfique pour la personne concernée* » (Gilles HUTEAU, La responsabilité collective vis-à-vis de la dette sociale : l'échec et le défi, Droit social 2022. 628). Dans ces conditions, la non-observance (de la prescription médicale) offrirait sa légitimité à un éventuel reste à charge à l'encontre du malade insouciant.

LA CORRÉLATION ENTRE L'ASSIDUITÉ ET LA RÉUSSITE

Clotaire MOULOUNGUI
Maître de conférences hors classe à l'ULCO (académie de Lille)
Ancien Chef du Département Gestion des Entreprises et des Administrations
Responsable de la licence professionnelle Métiers de la Gestion et du Social

Résumé : L'assiduité s'impose à l'esprit comme ingrédient essentiel de la réussite (dans la plupart des activités humaines) ; aussi bien en politique, en sport, dans la danse, le théâtre, etc. En tous cas, il existe des fonctions qui n'admettent ni vacance, ni vacances.

Mots clefs : Entrainement ; performance ; bonne volonté ; continuité du service.

Abstract Diligence is a key ingredient for success (in most human activities), whether in politics, sports, dance, theater, or elsewhere. In any case, there are roles that allow neither vacation nor holidays.

Key words: Training; performance; goodwill; continuity of service.

1. – L'effort continu de détenteurs du pouvoir politique.

L'assiduité s'impose à l'esprit comme ingrédient essentiel de la réussite (dans la plupart des activités humaines) ; aussi bien en politique, en sport, dans la danse, le théâtre, etc. Selon un encyclopédiste (contemporain) Louis XIV proclamait que : *« C'est par le travail que l'on règne »*. Justement, son assiduité au cabinet, pour l'examen des affaires du royaume, fut sans faille (155). Il s'y rendit jour après jour, tout au long de son pouvoir royal, lequel fut le plus long de l'histoire de France : 72 ans.

Se pourrait-il que les autres monarques du pays se soient montrés distants des lieux de décisions ? Il est vrai que des prédécesseurs de Charlemagne (qui eux étaient mérovingiens) ont été rétroactivement baptisés *''rois fainéants''*. En tous cas, une telle assiduité à la tâche ne saurait être attendue d'un président de la République diminué par le cancer (Georges Pompidou et François Mitterrand) ou par un AVC (Jacques Chirac).

D'un autre côté la France aura eu un jeune président (Emmanuel Macron), lequel dormait peu et était accusé d'attitude jupitérienne. Joseph Staline semble avoir aussi été un infatigable bosseur ; par exemple, sa griffe (sa signature) figure sur la plupart des décisions de nomination, même à des postes subalternes. Il existe des fonctions qui n'admettent ni vacance, ni vacances.

2. – L'assiduité de sportifs à leur entraînement durant des années.

Un second encyclopédiste tient un propos similaire, à propos cette fois de Gary PLAYER, un golfeur dont la carrière aura certes duré moins longtemps : une quarantaine d'années. Mais, celui-ci compte encore aujourd'hui parmi les cinq pratiquants de ce sport qui auront remporté, dans la même année, les quatre grands tournois de la discipline (c'est le grand schelem). Ici aussi, les commentateurs ont attribué sa longévité sportive *« à son assiduité à l'entraînement »* (156).

---

155) Victor-Lucien TAPIÉ, Louis XIV (1638-1715), roi de France (1643-1715), *Encyclopædia Universalis* [en ligne], http://www.universalis-edu.com/encyclopedie/louis-xiv/

156) ANONYME, PLAYER Gary (1935-), *Encyclopædia Universalis* [en ligne], http://www.universalis-edu.com/encyclopedie/gary-player/. Ce golfeur

Un troisième encyclopédiste évoque d'ailleurs le cas du noir Américain Holyfield EVANDER, lequel aura été l'un des plus grands boxeurs au monde. Il se trouve qu'à l'intérieur de la catégorie des poids lourds (dont il relevait), ses mensurations apparaissaient comme petites. À savoir : une taille de 1,88 m, pour 98 kg ; sachant que ses adversaires étaient nettement plus corpulents.

Or, plus on est gros, plus les coups assénés à l'adversaire l'assomment. Evander était logiquement voué à perdre souvent ses combats. Heureusement pour lui, *« grâce à son assiduité à l'entraînement, il se forge une résistance exceptionnelle, ce qui va lui permettre de gommer ce handicap »* (157).

3. – Le regard des autorités publiques sur l'absentéisme scolaire.

Le gouvernement français croit surement lui aussi aux vertus de l'assiduité. On le voit par exemple dans une circulaire interministérielle de 2014 (158).

Pour commencer, celle-ci proclame que chaque élève a droit à l'éducation ; qu'il soit soumis à l'obligation scolaire ou qu'il n'en relève plus (159). Ce droit, qui est la condition de la réussite et par

---

présentait par ailleurs la particularité d'être l'unique non-américain (c'était un Sud-Africain de l'époque ségrégationniste).

157) Universalis, HOLYFIELD Evander (1962-), *Encyclopædia Universalis* [en ligne], http://www.universalis-edu.com/encyclopedie/evander-holyfield/. On notera (parmi d'autres champions de boxe) que Vitali KLITSCHKO mesure 2 mètres, et son frère également champion du monde 1,98. De même, Mohamed Ali et George Foreman culminaient à 1,92. Il n'empêche qu'il y aura eu plus petits : Sonny Liston (1,85) ; Joe Frazier (1,82) ; Jack Dempsey (1,82). Autrement dit, la taille ne fait pas tout.

158) Circulaire interministérielle n° 2014-159 du 24 décembre 2014 relative à la prévention de l'absentéisme scolaire, BOEN n° 1, 1er janv. 2015. Cette circulaire d'un gouvernement socialiste étonnera quiconque est persuadé du laxisme de la Gauche "*dans le régalien*".

159) « L'instruction est obligatoire pour chaque enfant dès l'âge de trois ans et jusqu'à l'âge de seize ans » (Code de l'éducation, art. L131-1, al. 1).

conséquent de l'égalité réelle des chances, emporte alors l'obligation d'assiduité. Le droit (d'ailleurs constitutionnel) à l'éducation aura même conduit le Conseil éponyme à dire que : « *L'exigence constitutionnelle de gratuité s'applique à l'enseignement supérieur public* » (160).

Dès lors, la lutte contre l'absentéisme scolaire s'impose aux membres de la communauté éducative ; c'est une priorité absolue. Voilà pourquoi la participation spontanée de l'élève aux cours, doit parfois s'ajouter (à son égard) une sorte de mandat d'amener. En tous cas, prévoit la législation : « *Lorsqu'un enfant manque momentanément la classe, les personnes responsables doivent, sans délai, faire connaître au directeur ou à la directrice de l'établissement d'enseignement les motifs de cette absence* » (161).

Selon un auteur, cette seconde hypothèse déconnecte toutefois le système éducatif de *« la vieille utopie de l'école émancipatrice »* ; car, continue-t-il, l'idéal devrait être de se satisfaire d'un *« pur droit inconditionnel à l'éducation de base »* (162).

4. – La rareté d'élèves heureux à l'école française.

Il pourrait être répondu au propos qui précède que si le déplacement vers l'école devait toujours découler du seul plaisir (pour le jeune) d'aller aux devants de la connaissance et des savoirs, une déscolarisation généralisée surviendrait à coup sûr.

En fait, dans la vraie vie, la grâce joyeuse d'aller apprendre ne touche que peu d'enfants (en vérité seulement les as des as), ces élèves toujours félicités par le professeur, et donc jamais humiliés par lui.

---

160) Décision n° 2019-809 QPC du 11 octobre 2019.

161) Code de l'éducation, art. L131-8, al. 1). Contrôle de l'assiduité : articles R131-5 à R131-10 du même Code.

162) Roger MONJO, L'école peut-elle être, à la fois, libératrice et obligatoire ?, Presses universitaires de Caen, *Le Télémaque,* 2013/1 n° 43, pages 87 à 102, https://www.cairn.info/revue-le-telemaque-2013-1-page-87.htm.

En d'autres termes, « L'absentéisme *est fréquent et s'accompagne d'une image négative de l'école et des enseignants* » (163).

Sans doute l'école n'est-elle pas un camp de maltraitance ; mais, elle ressemble par certains côtés à une structure de labeur. Car, en pratique, l'élève moyen doit souvent s'y forcer, et accepter d'être forcé. Le droit à l'éducation s'accompagne ainsi d'une obligation (d'un devoir) pour son bénéficiaire ; il est un droit-devoir (164).

Comme conclut un autre auteur, il y a en l'occurrence *« une part incompressible de contrainte extérieure et arbitraire »* (165). L'on comprend alors les protestations déjà autrefois émises par Jean-Jacques ROUSSEAU, dans un ouvrage passé à la postérité.

D'après lui, « *que faut-il donc penser de cette éducation barbare qui sacrifie le présent à un avenir incertain, qui charge un enfant de chaînes de toute espèce, et commence par le rendre misérable, pour lui préparer au loin je ne sais quel prétendu bonheur dont il est à croire qu'il ne jouira jamais ?* » (166).

---

163) Reynald OTTENHOF, Mais qui sont donc les hooligans ? RSC 1991. 405.

164) « *Cette instruction obligatoire est assurée prioritairement dans les établissements d'enseignement* » (Code de l'éducation, art. L131-1-1, al. 2). Même Code, article L131-2, al. 1 et 2 : « *L'instruction obligatoire peut être donnée soit dans les établissements ou écoles publics ou privés, soit dans les familles par les parents, ou l'un d'entre eux, ou toute personne de leur choix* » ; « *Dans le cadre du service public de l'enseignement et afin de contribuer à ses missions, un service public du numérique éducatif et de l'enseignement à distance est organisé [...]* ».

165) Roger MONJO, L'école peut-elle être, à la fois, libératrice et obligatoire ?, Presses universitaires de Caen, *Le Télémaque,* 2013/1 n° 43, pages 87 à 102, https://www.cairn.info/revue-le-telemaque-2013-1-page-87.htm.

166) Jean-Jacques ROUSSEAU, Émile ou De l'éducation, Livre I, 1762.

5. – La facette de l'obligation scolaire comme devoir de l'enfant envers la société.

L'obligation scolaire se subdivise également en deux blocs. D'une part, il s'agit d'un devoir pour chaque personne physique de recevoir un minimum d'instruction durant ses jeunes années (167). Des leçons alors exceptionnellement reçues dans sa famille plus ou moins élargie, ou bien, presque toujours, dans un établissement de scolarisation public ou privé.

Dans les deux cas (chez soi ou à l'extérieur), les autorités pédagogiques disposent d'un droit de regard sur le respect des programmes nationaux d'apprentissages. Du reste, l'instruction à domicile souffre dorénavant du soupçon de séparatisme ; c'est-à-dire d'une sorte de sécession d'avec la communauté nationale et d'avec ses valeurs républicaines. Cette accusation, longtemps sous-entendue, aura finalement appelé une intervention énergique du législateur en juillet 2021 (168).

Aujourd'hui, plus qu'avant, le parent donnera des gages préalablement à la prise en charge de son propre enfant au domicile familial ou assimilé (169). Du reste, une dizaine d'années plus tôt, les manquements au devoir d'instruction avaient suscité des *« mesures de répression contre l'absentéisme et le décrochage scolaires,*

---

167) « *L'instruction obligatoire est donnée dans les établissements ou écoles publics ou privés. Elle peut également, par dérogation, être dispensée dans la famille par les parents, par l'un d'entre eux ou par toute personne de leur choix, sur autorisation* » (Code de l'éducation, article L131-2).

168) Loi n° 2021-1109 du 24 août 2021 confortant le respect des principes de la République.

169) « *Une instance départementale chargée de la prévention de l'évitement scolaire associe les services de l'État compétents, les services municipaux concernés, le conseil départemental, l'organisme chargé du versement des prestations familiales et le ministère public* » (Code de l'éducation, article L131-5-2).

dénoncés comme un des facteurs prédominants du développement des atteintes à l'ordre public » (170).

6. – L'obligation scolaire comme droit de l'enfant envers l'État.

L'obligation scolaire n'est pas seulement un devoir de l'enfant. En effet, elle consiste en second lieu en une obligation pour l'État de lui offrir une structure de scolarisation. Que l'enfant soit valide, ou qu'il se trouve en situation de handicap, n'importe pas (171). L'obligation d'instruction est de ce point de vue un droit de l'enfant en âge scolaire.

Le problème est que dans bien de zones du pays, un « *absentéisme scolaire lourd, souvent pratiqué dès la 6e, conduit rapidement à des systèmes d'échec scolaire : ce sont des sujets qui sortiront sans formation, sans diplômes, souvent promis à un semi-illettrisme* » (172). Or, l'échec scolaire commence trop souvent par quelques absences qui, ensuite, font se décrocher l'enfant des wagons de la réussite (173).

---

170) André LEGRAND, L'actualité du droit applicable à l'enseignement primaire, Réformes et permanence des questions, *La Semaine Juridique Administrations et Collectivités territoriales* n° 37, 13 septembre 2010, 2277.

171) Par ailleurs, « *Dans la mesure où leurs conditions d'hospitalisation le permettent, les enfants en âge scolaire ont droit à un suivi scolaire adapté au sein des établissements de santé* » (Code de la santé publique, article L1110-6).

172) ANONYME, J. C. Affaires sociales : Un problème d'avenir : l'absentéisme scolaire, *La Revue administrative,* 55e Année, n° 328 (juillet-août 2002), pp. 400-402, Presses Universitaires de France, https://www.jstor.org/stable/40774834.

173) Sandrine TURKIELTAUB, absentéisme et décrochage, Association jeunesse et droit, *Journal du droit des jeunes*, 2011/4 n° 304, pages 12 à 15, https://www.cairn.info/revue-journal-du-droit-des-jeunes-2011-4-page-12.htm.

Justement, c'est de façon récurrente et massive que l'enseignement professionnel souffre « *de l'absentéisme, antichambre du décrochage scolaire* » (174).

Certes, le gouvernement s'est décidé à donner des lettres de noblesse aux lycées professionnels, et donc au travail manuel si traditionnellement moqué (175).

7. – Le succès scolaire facilité par la consécration de tout son temps aux études.

Nombre de penseurs conviennent (de ce) que les chances de réussite d'un étudiant régressent s'il exerce (par ailleurs) une activité rémunérée. Son risque d'échec ne résulte nullement d'une vie de débauche que lui permettrait le peu d'argent alors ainsi perçu. En effet, le mécanisme causal de l'échec est plutôt la dilapidation d'heures nécessaires aux études.

Plus exactement, à l'étudiant chargé d'un job, il manquera un volant de temps « *pour assister aux cours et travaux dirigés ou pour travailler chez soi afin de comprendre et réviser les cours* » (176). D'ailleurs, une enquête de 1997 (sur les conditions de vie des étudiants), a « *pu montrer que si la durée totale du travail personnel n'avait pas d'influence particulière sur la réussite, le travail personnel le week-*

---

174) Yannick TRIGANCE, Secrétaire nationale à l'éducation et à l'enseignement supérieur et Colombe Brossel, Secrétaire nationale à l'Éducation et à la formation, et vice-présidente du Conseil national (https://www.parti-socialiste.fr/blog/poursuivre-rehabilitation-lycee-professionnel/).

175) https://www.lesechos.fr/politique-societe/societe/lycees-professionnels-ce-que-macron-veut-changer-1941239; https://www.lesechos.fr/politique-societe/societe/emmanuel-macron-fait-de-la-reforme-du-lycee-professionnel-une-cause-nationale-1974618.

176) François-Charles WOLFF, Activité rémunérée et temps consacré aux études supérieures, Revue économique ; Vol. 68, No. 6 (novembre 2017), pp. 1005-1032 ; Sciences Po ; https://www.jstor.org/stable/10.2307/90016171.

end et l'assiduité ont un effet positif sur le succès aux études supérieures, toutes choses égales par ailleurs » (177).

Néanmoins, chaque étudiant a fait l'expérience de cas où la quantité de travail déployé, ainsi que le sérieux adopté parallèlement, ne conduisaient pas pour autant à l'obtention de la note ambitionnée. Il y a même, inversement, des réussites (des bonnes notes) sans effort acharné préalable. Cela étant, plus que dans le monde du travail, dans le monde scolaire, la bonne volonté est récompensée assez correctement ; c'est au fond *« une croyance largement partagée »* (178).

À ce propos, l'étudiant heureux d'avoir obtenu une excellente note explique sa bonne fortune par le mérite personnel. En revanche, ses éventuelles déconvenues viendraient des correcteurs (sévères et/ou inconstants) ou bien viendraient de la nature (contestable) des épreuves (179).

8. – Un degré d'assiduité variable au gré des structures de formation.

Toutes les structures de formation (universitaires) n'exigent peut-être pas une égale assiduité aux enseignements. Un professeur parisien des années 30 prétendait que l'étudiant en droit s'en tirait

---

177) Jean-Luc PRIMON et Alain FRICKEY, Les manières sexuées d'étudier en première année d'université, Presses de Sciences Po (P.F.N.S.P.), *Sociétés contemporaines*, 2002/4 no 48, pages 63 à 85, https://www.cairn.info/revue-societes-contemporaines-2002-4-page-63.htm.

178) Idem.

179) Peut-être l'étudiant critique se comportera-t-il alors comme le mauvais ouvrier, toujours prompts à se défausser sur ses outils imparfaits. Le concepteur d'un examen devrait se garder de rechercher frénétiquement les épreuves les plus ardues possibles, auxquelles il soumettra les candidats. Il devrait plutôt songer à composer celles susceptibles de dévoiler à suffisance leurs qualités et lacunes. Le but étant de pouvoir ensuite combler celles-ci ou de magnifier celles-là. Cf. François GRUA, Analyse critique de l'examen d'entrée au centre régional de formation professionnelle des avocats, LPA 13 mars 1996, n° PA199603207, p. 26.

possiblement « *sans grande assiduité à la Faculté, dont les cours sont le plus souvent autographiés* » (180).

Les cours ainsi offerts (autographiés, ou polycopiés, ou photocopiés), représentent des centaines de feuillets que l'étudiant s'obligera à lire et à assimiler ; tout seul ou à plusieurs. En pratique, nos jeunes intermittents des facultés sont absolument plus nombreux que les autodidactes véritables, lesquels appartiennent décidemment à un passé révolu (181).

Selon un pédagogiste, s'inspirant lui-même d'une revue de littérature de collègues, « *la présence au cours n'est pas une garantie que les étudiant-e-s vont apprendre. Néanmoins, dans les recherches consultées, il y a un lien positif entre présence au cours et réussite* » (182).

De plus, les savoirs attendus et la façon de les formuler efficacement lors des examens s'apprennent mieux en classe. C'est-à-dire auprès des personnes (les enseignants) qui apprécieront officiellement (à l'écrit et/ou à l'oral) l'acquisition de ces savoirs. Il s'agit alors pour le

---

180) Gustave COHEN, La Formation de L'étudiant et du Professeur Français, The French Review, Vol. 5, No. 6 (May, 1932), pp. 445-461 ; American Association of Teachers of French ; https://www.jstor.org/stable/379638. Cet universitaire aura écrit que l'étudiant pouvait « *devenir, au bout de deux ans, et après des examens annuels écrits et oraux, successivement bachelier en droit, puis licencié en droit, ce qui lui permet de prêter serment, de se faire inscrire au barreau comme avocat à la Cour d'Appel, et d'y faire son stage chez un patron qu'il s'est choisi. S'il le désire, il fera encore deux ans d'études qui le conduiront, après de nouveaux examens et la soutenance d'une thèse imprimée, au titre de Docteur en droit* ».

181) Par exemple, François DE CLOSETS « *fait des études de droit, mais suit peu les cours, étudiant intensément deux mois pour obtenir ses diplômes* » (Wikipedia.org).

182) Amaury DAELE, L'absentéisme des étudiant-e-s. Pédagogie universitaire - enseigner et apprendre en enseignement supérieur [En ligne]. 2011 Nov. [cité le 12 juillet 2017]. https://lc.cx/NEGA.

correcteur de la délicate question des notes et des appréciations chiffrées ; c'est la docimologie (183).

9. – La formation par apprentissage à l'africaine.

En Afrique, la formation professionnelle est rarement offerte par un établissement spécifique d'enseignement (184). Par exemple, la maîtrise de la mécanique automobile, de la coiffure ou de la couture s'acquièrent auprès d'un patron exerçant le métier depuis un certain temps.

C'est un apprentissage à l'issue duquel l'apprenti deviendra simplement un salarié ; ou bien lui aussi un petit entrepreneur, de préférence longtemps plus tard. Pour l'entrée dans un tel cycle informel d'apprentissage, la simple capacité à déchiffrer l'écrit (les chiffres et les lettres) suffit largement (185).

Cela étant, *« une bonne formation demande une assiduité au travail pendant quelques années, difficile à évaluer avec précision »* (186).

183) Comme chacun le sait, la docimologie est la science (ou l'art) d'évaluer avec justesse les personnes que l'on forme. En pratique, la notation se révèle complexe. Il y a par exemple le risque que le professeur attende de ses étudiants qu'ils se hissent prématurément à son propre niveau de maîtrise. Pire, parce que pris dans le feu quotidien de l'action, il lui arrivera parfois d'oublier d'indiquer le sens des notes qu'il donne, voire le but même de son cours. Le cas échéant, il est difficile d'espérer de tous les étudiants qu'ils les comprennent spontanément, par eux-mêmes. Cf. François GRUA, Analyse critique [...], précité.

184) Ce qui fait se souvenir de l'ancienne France, avec ses corporations d'artisans.

185) L'intéressé paiera la formation de sa personne. C'est-à-dire en étant le larbin qui s'occupe du nettoyage des outils et de l'atelier de travail, ainsi que des courses du patron et des salariés anciens, etc.

186) Fabio VITI, Travailler pour rien : L'apprentissage en Côte-d'Ivoire urbaine (Abidjan, Cahiers d'Études Africaines, Vol. 45, Cahier 179/180. « *Le délai minimum pour une formation complète est de l'ordre de quatre a six ans, comme dans la coiffure dame ou la couture. A l'autre bout de l'échelle, pour*

L'imprécision sur le temps à prévoir (comme investissement personnel) se justifie par l'existence d'une combinaison aléatoire de facteurs.

Une première série de ces facteurs comprend la capacité et la volonté de transmission des anciens (aux petits nouveaux). Une deuxième série de facteurs réunit la capacité et la soif d'apprentissage de l'intéressé. Enfin, un dernier lot de freins possibles (à la réussite du jeune) concerne : la souffrance d'une maladie ou d'un accident ; le décès de son parent soutien financier ; les bouleversements sociaux ou politiques dans le pays.

---

former un mécanicien il faut au moins huit à dix ans, mais on peut facilement aller jusqu'a dix ou douze. L'apprentissage des diverses spécialités que l'on peut acquérir dans un garage et qui parcellisent la mécanique (tôlerie, peinture, électricité) est en revanche moins long ».

LE REJET DES DEMANDES D'AUTORISATION D'ABSENCE DU PERSONNEL

Clotaire MOULOUNGUI
Maître de conférences hors classe à l'ULCO (académie de Lille)
Ancien Chef du Département Gestion des Entreprises et des Administrations
Responsable de la licence professionnelle Métiers de la Gestion et du Social

Résumé : La bonne santé économique d'une entreprise dépend en grande partie de la disponibilité de son personnel. Par conséquent, l'employeur pourchasse aussi bien les temps morts que les absences. La lutte contre ces dernières doit néanmoins tenir compte de ce que certaines absences sont excusées, voire imposées par la loi elle-même.

Mots clefs : Rentabilité ; autorisation d'absence ; présentéisme ; congés obligatoires ; repos ; grève licite.

Abstract: A company's financial health depends largely on the availability of its staff. Consequently, employers pursue both downtime and absences. However, combating the latter must take into account the fact that some absences are excused, or even required by law.

Keywords: Profitability; authorized absence; presenteeism; mandatory leave; rest; lawful strike.

1. – Les faux avantages d'un présentéisme forcené ou forcé.

La bonne santé économique d'une entreprise dépend en grande partie de la disponibilité de son personnel. Par conséquent, l'employeur pourchasse aussi bien les temps morts que les absences. La lutte contre ces dernières doit néanmoins tenir compte de ce que certaines absences sont excusées, voire imposées par la loi elle-même.

C'est dire que l'employeur qui passerait outre s'exposerait à un risque juridique ; au moins en devant payer des dommages-intérêts. Or, afin de ne point souffrir des méfaits de l'absentéisme, une structure pourrait choisir le refus de toute autorisation d'absence, et voudra donc sanctionner la moindre absence unilatérale. Néanmoins un tel présentéisme est un remède (présence certaine) pire que le mal (l'absence subie).

Déjà, contrecarrer les arrêts de courte durée, lesquels permettent au travailleur se requinquer pour revenir en meilleure forme, aboutit à user gravement l'intéressé. De sorte que son arrêt devra finalement être d'une longue durée. Bref, cela « *n'est bon, ni pour la santé des salariés, ni pour les entreprises que l'on croyait sauver de l'opportunisme salarial* (187).

D'un autre côté, l'employeur pourrait plutôt contrecarrer l'exercice du droit de grève dans son entreprise. D'autant plus qu'une telle attitude « *n'est pas, en l'état actuel des textes, constitutive, à elle seule, d'une infraction pénale* » (188).

Mais encore faut-il que les mesures ainsi adoptées ne soient pas illicites et ne visent point à intimider les syndicats, ou bien à pénaliser les (seuls) travailleurs syndiqués (189).

---

187) Nicolas Da Silva, https://www-alternatives-economiques-fr./nicolas-da-silva/absenteisme-a-lhopital-non-soignants-ne-se-dorent-pilule/00105075.

188) Gilles AUZERO, Dirk BAUGARD et Emmanuel DOCKÈS, *Droit du travail, Précis Dalloz*, 2018, n° 1514.

189) Idem. Le libre exercice de l'action syndicale est réglementé par les articles L2141-5 et L2146-2 du Code du travail.

2. – L'entrave délictueuse au déplacement ou à l'absentéisme du délégué syndical.

La cour d'appel de Montpellier (1er octobre 1984) a condamné un employeur pour entrave à l'exercice par le salarié de son droit de s'absenter de l'entreprise (190). Concrètement, le prévenu avait mis à pied une salariée, absente de l'usine pour être allée participer à une activité syndicale, sans autorisation (expresse préalable).

Pourtant, le bon de délégation extérieur de celle-ci avait bien été réceptionné par la direction des ressources humaines. La condamnation personnelle du chef d'entreprise aura été prononcée au motif que Jean Pierre X., *« qui ne peut prétendre avoir ignoré le motif de l'absence de sa salariée et qui a d'ailleurs normalement payé à cette dernière ses heures de délégation, a consciemment apporté une entrave à l'exercice des fonctions de déléguée syndicale de Martine Z..., en sanctionnant une absence dont il a lui-même reconnu a posteriori qu'elle était justifiée »*.

Ainsi donc, l'opposition patronale à l'absence syndicale n'échappe pas à la sanction pénale sur la base de l'ignorance. Cette méconnaissance plutôt coûteuse pour l'employeur sera attribuable à un défaut de traitement de la demande en temps utile. Le gestionnaire RH concerné aura probablement à rendre des comptes ; soit son insouciance (faute disciplinaire) ; soit pour son incompétence (insuffisance professionnelle) (191).

---

190) Une condamnation du syndicat à 8000 francs (1230 euros) d'amende, de même qu'à des réparations civiles ; et elle a ordonné l'affichage et la publication de son arrêt.

191) Cette distinction est commune au droit privé (droit du travail) et au droit public (droit de la fonction publique).

3. – Les conditions du droit de déplacement du délégué syndical et la culpabilité de son employeur.

Dans l'affaire ci-dessus, devant la Cour de cassation, (Jean-Pierre X.) l'employeur condamné au pénal s'est étonné de l'apparente présomption de connaissance pesant sur lui relativement à la nécessité syndicale de s'absenter. La volonté coupable, la détermination criminelle, renvoie à l'élément constitutif de l'infraction qu'est l'élément moral (192).

Une présomption normalement propre aux (seules) infractions matérielles. Or, tentait-il de se défendre, *« en toute hypothèse, le doute doit toujours bénéficier au prévenu »* (193). De son point de vue, l'intention coupable n'étant pas évidente, sa relaxe semblait acquise.

Toutefois, aura proclamé la Cour de cassation, *« la liberté de déplacement des délégués syndicaux, en vue de l'exercice de leurs fonctions, est d'ordre public »*. Cette caractéristique (l'ordre public) du droit des syndicalistes à des absences rend impossible une limitation par un règlement intérieur ou par une autorisation de l'employeur.

---

192) L'élément moral ou élément intellectuel n'est pas prévue seulement pour les personnes physiques, mais également pour les personnes morales. Conf. Clotaire MOULOUNGUI, L'élément moral dans la responsabilité pénale des personnes morales, *RTD com.* 1994. 441 ; La nature de la responsabilité pénale des personnes morales en France, *Revue de droit pénal et de Criminologie,* février 1995, p. 143-161.

193) Le Code du travail fait souvent bénéficier le doute au salarié. On le voit notamment aux articles : L1225-3 ; L1235-1 ; L1333-1. Le premier de ces trois textes laisse entendre qu'en cas de doute sur la connaissance, par l'employeur, de l'état de grossesse d'une salariée, il faut conclure qu'il était au courant. Selon le second, le CDD sera requalifié en CDI en cas de doute sur la légitimité de sa signature. Quant au dernier, il proclame qu'en cas de doute sur le bien-fondé de la sanction disciplinaire prononcée contre le salarié, il faut juger qu'elle était mal fondée.

Mais précisément, la personne déléguée par ses collègues est *« seulement tenue d'informer son chef direct avant de quitter son poste de travail »*. En l'espèce, la déléguée syndicale s'était pliée à cette obligation d'information préalable. Effectivement, elle en avait fait part à sa hiérarchie ; celle-ci *« ne pouvait, dès lors, prétendre avoir ignoré les motifs de son départ »*.

Pour les juges, le chef d'entreprise aura donc *« sciemment fait entrave à l'exercice du droit syndical, en sanctionnant, pour défaut d'autorisation préalable, une absence dont il a dû ultérieurement admettre qu'elle était justifiée »* (194).

D'ailleurs, et plus généralement, *« le refus du congé, sans consultation préalable du comité d'entreprise, est constitutif du délit d'entrave »* (195). Parfois, l'embarras juridique de l'employeur se retrouve, certes dans une moindre mesure, dans la relation avec un salarié ordinaire.

4. – Le droit à l'absentéisme lié au congé-formation.

Dans l'AFFAIRE SOCIÉTÉ IBSI, la cour d'appel de Paris (28 janvier 1987) avait validé le licenciement d'un programmeur informaticien survenu 10 mois seulement après son recrutement. L'employeur (la société IBSI) lui reprochait d'avoir quitté l'entreprise pour prendre un congé-formation qui lui avait été refusé.

Aussi curieux que cela puisse paraître, les conseillers parisiens ont été censurés pour défaut de base légale. Car, ils auraient dû *« rechercher si l'absence du salarié était de nature à entraîner, pour la société IBSI des conséquences préjudiciables à la production et à*

---

194) CASS. SOC., 4 février 1986, pourvoi n° 84-95402, Bulletin criminel 1986, n° 46 p. 107.

195) CASS. CRIM. 4 janvier 1983, no 82-91.800 ; Pascal CAILLAUD, Formation professionnelle continue, *Répertoire de droit du travail*.

la marche de l'entreprise, ce qui eût seul pu justifier le refus du congé-formation » (196).

En cette matière particulière, le salarié pouvait donc se faire justice à lui-même en passant outre à l'hostilité de son employeur. Encore dit autrement, comme le refus de lui permettre de s'absenter (pour congé-formation) lui apparaissait mal fondé, il a le droit de le braver. Mais comme dit le langage populaire, *''il ne faut pas se louper''*.

Car défier son employeur sur la base d'un droit que l'on tiendrait d'un texte confine à la faute disciplinaire en cas d'erreur. La candeur ou la bonne foi ne pouvant gommer l'effronterie éventuelle contre son employeur. La situation fait par ailleurs penser aux grèves d'autosatisfaction, peu appréciée par les juges (197).

5. – Le droit d'absence unilatéral en vertu de congés annuels oubliés par l'employeur.

Dans une autre affaire, une salariée avait décidé de s'absenter quelques semaines (de mi-avril à fin mai 1980), malgré l'opposition de son

---

196) CASS. SOC., 7 novembre 1989, Société IBSI, pourvoi n° 87-41219, Bulletin 1989 V n° 649 p. 391 ; Cassation de Cour d'appel de Paris, du 28 janvier 1987.

197) « *L'illicéité des grèves dites d'autosatisfaction est fondamentalement un signe du respect que les juges accordent au pouvoir de direction de l'employeur. Contester l'exercice de ce pouvoir est licite. Mais s'y substituer ne l'est plus* » (Elsa PESKINE et Cyril WOLMARK, Droit du travail 2024, HyperCours, Dalloz, 2023, n° 869). Il est ainsi courant que le juge prud'homme sanctionne la disproportion d'une sanction (patronale) mais se refuse à procéder à une substitution de sanctions (au profit de la plus adaptée). Pour sa part, le juge administratif s'est longtemps gardé de formuler des injonctions à l'égard de l'Administration. Mais outre qu'une évolution prétorienne s'est dessinée, le législateur a institué un pouvoir d'astreinte (financière) qui incite l'administration à se conformer prestement aux jugements et arrêts qui la condamne (sous astreinte).

employeur (la SOCIÉTÉ FRANCE ÉDITIONS ET PUBLICATIONS). À son retour (29 mai), elle fut licenciée (10 juin).

Heureusement pour elle, la cour d'appel de Versailles (29 juin 1983) n'aura pas vu de cause réelle et sérieuse à cette sanction et lui aura ainsi octroyé des dommages-intérêts. Le pourvoi en cassation de l'employeur fut rejeté. La raison aura été que l'employeur avait attendu le 10 avril pour faire connaître à la salariée que son congé, dans le créneau sollicité, était impossible.

De fait, c'est 7 jours seulement avant le départ que la pauvre dame avait appris son impossibilité (interdiction) de s'absenter. Or, c'est dès la mi-septembre 1979 qu'elle avait sollicité ses congés annuels pour la période du 17 avril au 29 mai. La Cour de cassation (2 février 1987) a admis que les juges du fond aient excusé la salariée d'avoir cru *« tacitement acceptée cette demande déposée depuis de longs mois »*.

Sans compter que l'intéressée avait pris d'importantes dispositions pour passer les congés sollicités en Corse, où elle devait réaliser des reportages. Bref, c'est à bon droit que *« la cour d'appel [versaillaise] a conclu que la décision de l'employeur, tardive et non justifiée par de réelles nécessités de service, avait été prise avec une légèreté blâmable constitutive d'un abus de droit »* (198). D'où des dommages-intérêts à la salariée (199).

---

198) CASS. SOC., 2 février 1987, pourvoi n° 83-44828, Bulletin 1987 V n° 75 p. 48.

199) Si l'employeur a commis une faute en procédant au licenciement, celui-ci sera jugé soit nul, soit sans cause réelle et sérieuse. Dans cette seconde hypothèse, la réintégration n'est pas envisagée par les textes. Seuls des dommages-intérêts sont ouverts au salarié victime du licenciement injustifié.

6. – La restitution de temps d'absence au salarié conseiller prud'homme.

Un contrôleur de la RATP, qui était aussi membre du conseil de prud'hommes, travaillait de nuit. Cette seconde qualité l'a indirectement conduit à poursuivre son employeur en restitution de temps de repos. La raison est que c'est lors de son temps de repos qu'il se rendait au siège de la juridiction (200).

La Cour d'appel de Paris (20 novembre 2007) et la Cour de cassation (8 avril 2009) ont jugé pareillement en faveur du salarié. L'arrêt rendu l'exprime au moyen des deux affirmations suivantes. D'une part, *« [selon l'article] L1442-5 du code du travail, les employeurs sont tenus de laisser aux salariés de leur entreprise, membres d'un conseil de prud'hommes, le temps nécessaire pour se rendre et participer aux activités prud'homales »*. D'autre part, *« aux termes du quatrième alinéa devenu l'article L1442-7 du même code, le salarié membre d'un conseil de prud'hommes, travaillant en service continu ou discontinu posté, a droit à un aménagement d'horaires de son travail de façon à lui garantir un temps de repos minimum »*.

Dans ces conditions, c'est donc *« à bon droit que la cour d'appel a retenu que le temps nécessaire au salarié pour se rendre de son domicile au conseil de prud'hommes ne pouvait pas être imputé sur la durée de son repos »* (201).

En l'espèce, les juges avaient dû se prononcer c'est parce que l'employeur n'aura pas compris (même après la demande) qu'il devait consentir du temps au salarié titulaire d'un mandat.

---

200) « *[…] la chambre sociale considère que le temps de transport n'est pas un temps de repos. Est-ce à dire que ce temps de transport est compris dans la durée d'activité prud'homale, retenue pour le maintien du salaire ? [Non : D1423-64 C. trav.]* » (Sandrine MAILLARD, Conseillers prud'homaux : le temps de transport est exclu du temps de repos minimum, DA 12 mai 2009).

201) CASS. SOC., 8 avril 2009, RATP, pourvoi n° 08-40278, Bulletin 2009, V, n° 108.

LA RÉTORSION INSTITUTIONNELLE CONTRE L'ÉLÈVE ABSENTÉISTE

Clotaire MOULOUNGUI
Maître de conférences hors classe à l'ULCO (académie de Lille)
Ancien Chef du Département Gestion des Entreprises et des Administrations
Responsable de la licence professionnelle Métiers de la Gestion et du Social

Résumé : En France, nul ne conteste la réalité du malaise universitaire dont l'absentéisme est certainement un symptôme. Alors, le réflexe de beaucoup d'équipes administratives et pédagogiques consiste à l'imputer à leurs étudiants. Certes, beaucoup d'entre eux alternent absentéisme et apathie. L'État lui-même parait désarmé face à la jeunesse. Il n'en reste pas moins que l'absentéisme des élèves déplait aux enseignants, et au système éducatif plus généralement.

Mots clefs : absentéisme scolaire ; lacunes de l'absentéiste ; perturbation de la dynamique de classe ; retardement des apprentissages ; bavardage ; cancre.

Abstract: In France, no one disputes the reality of academic malaise, of which absenteeism is certainly a symptom. Thus, the reflex of many administrative and teaching teams is to blame it on their students. Admittedly, many of them alternate between absenteeism and apathy. The state itself seems helpless when it comes to youth. Nevertheless, student absenteeism displeases teachers, and the education system more generally.

Keywords: truancy; truant's shortcomings; disruption of classroom dynamics; delayed learning; chatter; dunce.

1. - La relation professorale paradoxale avec les élèves absentéistes.

En France, nul ne conteste la réalité du malaise universitaire dont l'absentéisme est certainement un symptôme. Alors, le réflexe de beaucoup d'équipes administratives et pédagogiques consiste à l'imputer à leurs étudiants. Certes, beaucoup d'entre eux alternent absentéisme et apathie. L'État lui-même parait désarmé face à la jeunesse (202).

Il n'en reste pas moins que l'absentéisme des élèves déplait aux enseignants, et au système éducatif plus généralement. À ce sujet, un pédagogiste énonce que *« l'absence d'un certain nombre d'étudiant-e-s à une séance peut provoquer un sentiment de malaise chez l'enseignant-e mais aussi chez les autres étudiant-e-s, ce qui peut conduire à une dynamique de classe moins favorable à l'apprentissage »* (203).

De plus, à son retour, l'absentéiste retardera probablement l'avancée du cours, car il aura besoin que lui soient expliquées des notions vues lorsqu'il n'aura pas été en classe. Apparemment, le professeur pourrait rejeter la demande (expresse ou implicite) du revenant (fantaisiste et/ou arrogant).

---

202) Les perspectives désormais promises par une scolarité régulière sont si faibles que leur irrégularité estudiantine pourrait peut-être se comprendre. Pour accentuer leur malheur, il y a dorénavant le dérèglement climatique et la dette écologique. C'est ainsi que certains d'entre eux se croient légitimes à pester contre l'égoïsme ou l'insouciance des générations en place (les vieux) (Paul GERBOD, Note sur la condition matérielle et morale de l'étudiant français, Revue française de sociologie, Vol. 21, No. 2 (avril. - juin, 1980), pp. 251-258, Sciences Po University Press on behalf of the Association Revue Française de Sociologie, https://www.jstor.org/stable/3321110.).

203) Amaury DAELE, L'absentéisme des étudiant-e-s. Pédagogie universitaire - enseigner et apprendre en enseignement supérieur [En ligne]. 2011 Nov. [cité le 12 juillet 2017]. Disponible : https://lc.cx/NEGA.

Le problème est toutefois que, dès lors perdu dans le brouillard davantage épais de son ignorance, cet étudiant se complaira dans le bavardage (204). Le comportement perturbateur dégradera alors assurément l'atmosphère d'apprentissage.

Les littérateurs et cinéastes l'ont bien montré, puisque l'absentéiste *« fut longtemps associée à l'image du "cancre", de l'élève relégué au fond de la classe, traditionnel chahuteur aux allures sympathiques mais promis à une espérance de vie scolaire des plus réduites »* (205).

2. – L'incitation à l'assiduité par les chances de réussite des présents.

Parlant des apprenants absentéistes, un enseignant a dit envisageable de leur compliquer la réussite ; *« par exemple en basant les questions d'évaluation sur des exercices réalisés en classe, ou des discussions conduites avec les étudiant-e-s, ou des présentations faites par des expert-e-s invité-e-s, etc. »* (206).

Ainsi donc, s'appliquerait une sorte de malus officieux aux étudiants irréguliers, tandis qu'au contraire un bonus profiterait indirectement aux autres. Pour lutter contre ce penchant (plutôt naturel) de sanctionner insidieusement l'étudiant trop souvent absent, le règlement des études prévoit parfois l'anonymat des

---

204) « *Certains auteurs affirment que l'abandon scolaire permet de réduire le stress et la frustration vécus à l'école, des facteurs qui favorisent l'apparition des conduites délinquantes* » (Maryse ESTERLE-HEDIBEL, absentéisme, déscolarisation, décrochage scolaire, les apports des recherches récentes, Médecine & Hygiène, Déviance et Société, 2006/1 Vol. 30, pages 41 à 65, https://www.cairn.info/revue-deviance-et-societe-2006-1-page-41.htm.).

205) Bertrand GEAY, Du "cancre" au "sauvageon", Les conditions institutionnelles de diffusion des politiques d' "insertion" et de "tolérance zéro", *Actes de la recherche en sciences sociales*, 2003/4, n° 149.

206) Amaury Daele, précité.

copies de devoir ; même dans des formations qui pratiquent le contrôle continu (207).

Ce recours à l'anonymat présente pourtant quelques faiblesses. D'abord, près de 40 % des notes d'un étudiant résultent d'exposés et d'interrogations orales. Ce sont-là évidemment des épreuves pour lesquelles le candidat sera forcément identifié. D'ailleurs, l'effectif de plusieurs promotions universitaires (de masters ou même de licences) s'arrête à la douzaine de personnes. Or des devoirs de rattrapage sont proposés en cas d'absence excusée. Derechef, l'étudiant concerné sera encore ici reconnaissable.

De plus, certaines copies comportent des couleurs et soulignements qui fournissent des indices sur leurs auteur(e)s probables. Un autre inconvénient de l'anonymat est cette fois pédagogique : l'hésitation à inscrire des remarques sur la copie, car (il) subsistera un doute sur l'étudiant dont cette copie proviendrait. Encore qu'il ne s'agisse que d'observations marginales, d'ailleurs insuffisamment prises en compte par leurs destinataires (208).

207) Le juge administratif interdit les sanctions disciplinaires déguisées. En clair, les administrateurs (les décideurs) doivent assumer les sanctions qu'ils infligent. Le juge administratif parle généralement de détournement de pouvoir même quand l'administrateur poursuivait quand même un but défendable.

208) L'enseignant (ou le correcteur) s'imagine que l'étudiant lira les observations portées sur la copie, dans une perspective de progrès. À la vérité, peu d'étudiants prennent la peine d'en prendre connaissance ; car seule la note chiffrée leur importe. Dès lors, le correcteur ne devrait-il pas s'économiser, c'est-à-dire s'éviter ces mentions finalement ignorées ? La réponse négative repose sur deux points. D'une part, la note apparaitrait encore plus arbitraire à l'étudiant venu exceptionnellement consulter sa copie. D'autre part, sans mention, le correcteur lui-même ne pourrait s'expliquer (se remémorer) sa pensée d'alors.

3. – La candidate au professorat d'EPS victime de son propre absentéisme.

L'absentéisme aura été au centre d'un échec universitaire finalement "juridictionnalisé". En l'espèce, une fille ambitionnait de devenir professeur d'éducation physique et sportive (EPS). Pour préparer le diplôme nécessaire (le CAPES), elle s'inscrivit à l'Unité d'Études et de Recherche (U.E.R.) correspondante, de l'Université de Nancy.

Elle y arriva en quatrième année d'université, la maîtrise à l'époque, ou l'actuel master 1. Puis, elle dut abandonner sa perspective professionnelle (professorale) parce que le redoublement lui aura été refusé. Un refus fondé sur un absentéisme persistant et désinvolte.

Concrètement, le jury lui opposa : *« son insuffisante participation aux séances de travaux pratiques et de travaux dirigés ainsi qu'aux exercices de dissertation organisés au cours de l'année universitaire 1979-1980 et dont elle connaissait le caractère obligatoire en vertu du règlement intérieur de l'unité d'enseignement et de recherche »*.

Vu ces éléments matériels incontestables, l'étudiante désespérée orienta le contentieux sur la validité des dispositions réglementaires alors appliquées. Selon elle, outre que l'auteure de la décision (l'UER) était incompétente pour les adopter, celle-ci aurait par ailleurs violé le principe de non-rétroactivité des actes administratifs.

Bien au contraire, le Conseil d'État (20 avril 1988) a reconnu la légalité du limogeage (209). Plus précisément, l'UER pouvait légalement arrêter le principe d'une limitation du nombre de redoublements en cas d'absentéisme (210).

---

209) CONSEIL D'ÉTAT, 20 avril 1988, Mlle Annick X c/ président de l'Université Nancy 1.

210) Le Conseil d'État poursuit que cette instance était en droit de fixer les critères du choix à opérer. En l'occurrence : le niveau des notes obtenues au concours juste avant la demande d'autorisation de redoublement ; l'assiduité aux cours et travaux dirigés ; la participation aux exercices de

4. – L'effet retard de l'absentéisme au moment du baccalauréat.

Si la jeune dame (ci-dessus) avait réussi à se faire recruter comme enseignante, peut-être que, elle aussi aurait parfois souffert d'un absentéisme fréquent à ses cours d'EPS. D'ailleurs, certains élèves vont jusqu'à rechercher une dispense pure et simple (211).

Dans cet ordre d'idées, lors de la session du baccalauréat de 1986, le lycéen Vincent Finot, candidat dans l'académie de Besançon, s'était vu attribuer la note de 0/20 en EPS. S'il avait exhibé (à qui de droit) un certificat d'assiduité en cette discipline, il n'aurait jamais reçu cette mauvaise note (212). Effectivement, l'évaluation n'était normalement prise en compte que pour la portion supérieure à la moyenne. Il s'agissait alors de points bonus (213).

Autrement dit, une sous-moyenne n'aboutissait nullement à pénaliser le lycéen ; pas plus que le candidat libre, lequel (par définition) ne suit nullement de cours obligatoire dans une quelconque structure.

---

dissertation pendant l'année universitaire écoulée. Mieux, *« la mise en œuvre de ces critères pour l'examen des demandes d'autorisation de redoublement concernant l'année 1980-1981 par référence à la scolarité des intéressés durant l'année 1979-1980 n'était pas entachée d'une rétroactivité illégale »*.

211) En vérité, « *Seuls les handicaps ne permettant pas à l'intéressé une pratique adaptée au sens du circulaire n° 94-137 du 30 mars 1994 entraînent une dispense d'épreuve* » (https://www.education.gouv.fr/bo/18/Hebdo9/MENE1804087C.htm).

212) Il aurait en effet bénéficié des dispositions finales de l'article 6 du décret du 29 septembre 1962 [alors en vigueur].

213) Voilà pourquoi quelques candidats au baccalauréat obtiennent curieusement une moyenne générale supérieure à 20/20. Curieusement, les points bonus qui permettent un tel exploit sont essentiellement recherchés par des élèves qui n'en ont pas du tout besoin. En effet, étant excellents, ils sont déjà assurés d'être déclarés admis (et avec les honneurs). À l'inverse, les élèves moyens se contentent (comme par hasard) de la seule moyenne.

Mais, l'éventuelle mauvaise note devait être prise en considération en cas d'absentéisme.

Dans notre affaire, le dosseur du lycéen (contrairement à celui de ses camarades) ne renfermait pas l'indispensable attestation d'assiduité.

5. – La nécessité d'une contestation rapide des erreurs sur son absentéisme.

À croire l'ARRÊT VINCENT FINOT du Conseil d'État (19 octobre 1988), *« il n'aurait été noté présent ou valablement dispensé que lors de neuf des vingt-six séances d'éducation physique et sportive en cours d'année »* (214). Nonobstant ce taux d'absentéisme de 33 % environ, le candidat malheureux au bac avait cru pouvoir réclamer un nouveau jury (en vue d'une délibération de rechange qui supprimerait la note dommageable).

Le recteur refusa expressément cette demande (215). Alors, notre protestataire aura saisi le tribunal administratif de Besançon (pour une annulation du refus, et donc pour la réunion d'un second jury). Or classique est le refus du juge de s'immiscé dans l'attribution des notes d'épreuves ; et les jurys sont souverains (216).

---

214) CONSEIL D'ÉTAT, 4ème et 1ère sous-sections réunies, 19 octobre 1988, N° 90772.

215) Il est entendu qu'un simple silence était alors envisageable comme modalité de refus de la requête. Par exemple : Jean-Christophe GALLOUX, Le principe de « Silence de l'administration vaut rejet » en propriété industrielle, RTD com. 2015. 503.

216) La juridiction administrative saisie (par le candidat déçu et mécontent) ne contrôle et ne sanctionne que les manquements de forme. En d'autres termes, le chiffrage de la note relève de la conscience du correcteur, lequel est présumé sérieux (ayant lu les copies) et honnête (sans acrimonie à l'égard de candidats). *« La reconnaissance du pouvoir souverain du jury d'un examen ou d'un concours dans l'appréciation des mérites des candidats est un principe jurisprudentiel très ancien (v. CE 11 août 1869,*

Par jugement du 9 juillet 1986, il fut débouté. Sans poids persuasif aura donc été le témoignage de deux camarades se souvenant l'avoir parfois vu au cours d'EPS. Puis, le Conseil d'État (19 octobre 1988) confirma le jugement défavorable (217). Dans l'une et l'autre instance juridictionnelle, le rectorat aura gagné pour deux raisons. Premièrement, les absences litigieuses étaient *« relevées le jour même par l'administration et consignées sur un document figurant au dossier »*.

C'est dire qu'une probable erreur n'aurait été concevable que si le décompte avait lieu longtemps après, et finalement en se fiant à la mémoire du comptable des absences. Deuxièmement, et de toute façon, *« les absences trop fréquentes de M. Finot ont été mentionnées sur les trois bulletins trimestriels le concernant »*. Logiquement, il aurait pu et dû s'émouvoir de ces mentions plutôt inquiétantes (218).

6. – La possibilité d'épreuves de rattrapage en cas d'absentéisme excusable.

Les autorités publiques sont conscientes des difficultés susceptibles d'empêcher la présence d'un candidat à son évaluation d'éducation

---

DE DAMPIÈRE, Lebon 792 ; CE 16 nov. 1894, Brault, Lebon 595 ; CE 24 févr. 1932, SIEUR FILIPPI, Lebon 226). On peut estimer qu'il a trois corollaires. D'abord, l'administration comme le juge ne peuvent empiéter sur le pouvoir du jury quant à l'appréciation de la valeur des candidats. Ensuite, la compétence discrétionnaire du jury en la matière ne s'étend pas au-delà de l'appréciation du mérite. Enfin, et c'est l'intérêt de l'arrêt commenté [], il implique que le jury ne puisse renoncer à exercer son pouvoir lorsque des notes ont été attribuées par le ou les correcteurs d'une épreuve » (F. L., Le pouvoir souverain du jury et les notes attribuées par les correcteurs, AJDA 2009. 841.).

217) Conseil d'État, précité.

218) Au total, cet élève n'était pas fondé à obtenir le sabordage du rare levier dont un lycée dispose contre les absentéistes. D'ailleurs, la sévérité est de rigueur à l'égard des absentéistes arborant une moyenne appréciable.

physique et sportive (EPS). Ils y ont notamment songé pour : le baccalauréat professionnel ; le brevet des métiers d'art (BMA) ; le certificat d'aptitude professionnelle (CAP) ; le brevet d'études professionnelles (BEP).

En effet, à propos de « *tous les examens évalués en CCF [contrôle en cours de formation], des épreuves d'évaluation différées doivent être prévues par l'établissement* » (219). Qui peut en bénéficier, et dans quels circonstances ? La réponse est que cette faveur est réservée aux candidats blessés ou malades à l'époque des épreuves, selon attestation de « *l'autorité médicale scolaire* ».

La faveur est également ouverte aux élèves qui quoique ne souffrant pas dans leur chair invoqueraient un cas de force majeure. Mais dans leur hypothèse, le chef d'établissement dispose d'un pouvoir discrétionnaire ; même s'il en use sexuellement *« après consultation des équipes pédagogiques »* (220).

En vertu de la même sollicitude administrative, des sessions de rattrapage existent, dans les matières théoriques, au profit des candidats légitimement absents. C'est au moins ce qu'énonce une réponse ministérielle à propos des baccalauréats (221). Le cas

---

219) https://www.education.gouv.fr/bo/18/Hebdo9/MENE1804087C.htm.

220) https://www.education.gouv.fr/bo/18/Hebdo9/MENE1804087C.htm.

221) « *Un candidat victime d'un malaise ou de tout autre trouble de santé au cours d'une épreuve du baccalauréat peut la repasser en septembre. S'agissant du baccalauréat professionnel, il ne repasse que l'épreuve qu'il n'a pas pu passer ou terminer et qu'il souhaite repasser. En ce qui concerne les baccalauréats général et technologique, le candidat qui n'a pas pu composer en totalité ou en partie pour raison de santé, s'il souhaite repasser l'épreuve, doit subir en septembre la totalité des épreuves de l'examen. Toutefois, dans la mesure où le trouble de santé est survenu en cours d'épreuve, le candidat aura le plus souvent traité une partie du sujet et peut être corrigé sur cette partie. Ce type d'incident est généralement mentionné dans le procès verbal établi à l'issue de l'épreuve et le jury souverain a la possibilité d'en tenir compte* » (Réponse ministérielle à la question écrite n° 109188, 24 mai 2011, du député Paul Salen, au Ministère de l'Éducation

échéant, le candidat empêché repassera (à sa convenance) tout ou partie des épreuves manquées (222).

7. – L'indifférence des excellentes notes de l'absentéiste insolent.

Comme autre mesure de rétorsion contre l'étudiant absentéiste, il y a le refus du diplôme ; malgré le possible bon niveau de cet impétrant. À cet égard, pendant longtemps, le règlement de facultés prévoyait le refus du passage en année supérieure à l'étudiant qui, malgré ses bonnes notes, n'avait pas assisté à un certain nombre de TD ou de cours (223).

Pourquoi cette règle ? Se pourrait-il que malgré la possession du nombre de points exigés des étudiants n'aient quand même pas le niveau attendu ? Le doute est permis ; même si la jurisprudence ATTIAS se prononce dans un tel sens punitif (224). Cette sévérité, censée

---

nationale, de la Jeunesse et de la Vie associative, Publication au JO : Assemblée nationale du 17 janvier 2012).

222) Idem. Voir aussi : Rapport au Président de la République relatif à l'ordonnance n° 2020-1694 du 24 décembre 2020 relative à l'organisation des examens et concours pendant la crise sanitaire née de l'épidémie de covid-19, Journal Officiel du 26 décembre 2020 - Numéro 312.

223) « *Lorsqu'un élève évalué en CCF [contrôle en cours de formation] est absent à une des situations d'évaluation de l'ensemble certificatif sans justification valable, la note zéro lui est attribuée et la note finale sera la moyenne des trois notes obtenues. En revanche, s'il est absent sans justification à toutes les situations, il est déclaré « absent » ce qui entraine, comme lorsqu'un candidat évalué par examen terminal est absent sans justification valable, la non délivrance du diplôme* » (cf. règle générale prévue à l'article D. 337-16, al. 5 pour le CAP, D. 337-37 pour le BEP, D. 337-81 pour le baccalauréat professionnel et D. 337-133, al. 3 pour le BMA) » (https://www.education.gouv.fr/bo/18/Hebdo9/MENE1804087C.htm).

224) « *Melle ATTIAS a totalisé, sur l'année universitaire cinquante-quatre absences dont quatre seulement ont été considérées comme excusées ; qu'en constatant ces absences, le jury n'a commis aucune erreur de fait ; que l'appréciation souveraine qu'il a portée sur les conséquences de ces absences au regard de la capacité de l'intéressée à prétendre, compte tenu de*

inciter l'étudiant à opter pour la fréquentation régulière des salles de classe, s'accorde mal avec les dispenses (de présence) néanmoins parallèlement accordées à certains (225).

Au fond, peut-être pourrait-on plutôt pencher pour la solution libérale reconnaissant le diplôme à quiconque présenterait (à son jury) les notes et moyennes exigées (226). Toutefois, des notes obtenues honnêtement (227). Une pareille politique (alors probablement accusée d'être laxiste) déconcerterait des professeurs ; et elle ne serait pas davantage comprise par ceux des étudiants qui, eux, se donnent corps et âme aux seules études. Le sacrifice de son temps aurait un prix (228).

---

l'ensemble des notes et appréciations obtenues en cours d'année, à la délivrance du diplôme n'est pas susceptible d'être discutée devant le juge administratif, quelle que soit la légitimité des motifs pour lesquels l'intéressée a été, selon elle, contrainte de manquer à son obligation d'assiduité » (Cour administrative d'appel de Paris, 16 juin 1999, n° 96PA04307).

225) La dispense de présence consiste en ce que la maladie, l'occupation d'un emploi, ou d'autres motifs permettent à un étudiant de devenir un absentéiste excusé. C'est lui-même qui commence par soupeser les intérêts des absences par rapport aux présences. Puis sa structure de formation confirme cette appréciation (et la demande correspondante). Toutefois, aucune structure ne ferme d'emblée ses portes à un étudiant au motif qu'il remplirait les conditions de bénéfice de la dispense d'assiduité. Se pose ainsi la question de savoir qui d'entre l'étudiant et son établissement est le mieux à même d'apprécier l'intérêt d'une fréquentation constante de celui-ci.

226) Car, dans notre système français (et dans l'espace francophone) ce sont les notes et les diplômes corrélatifs qui attestent du niveau intellectuel de chacun. De sorte que lors des recrutements professionnels l'évaluation des candidats devrait porter sur des points différents des savoirs théoriques.

227) Certes, par calcul ou rouerie, des étudiants ayant déjà (reçu) une bonne note essaient quelquefois de la préserver en esquivant les devoirs postérieurs. À cela se rajoute l'éventuelle fraude pure et simple durant les épreuves.

228) On sait que « *Le temps de formation au brevet de technicien supérieur agricole ne peut pas être inférieur à une année pour les candidats*

Certes, pour quelques diplômes, le candidat libre ne peut espérer de mention sans avoir (dû) préalablement passé toutes les épreuves (229).

8. – La sanction de l'absentéisme sur la base nécessaire d'un texte.

À l'instar de toute entité administrative, les jurys d'examens et concours se doivent de respecter le principe de légalité. D'après celui-ci, les mesures adoptées par un décideur public doivent (obligatoirement) se conformer aux normes de valeur supérieure (constitution, lois et règlements, etc.) ; à peine d'annulation par le juge administratif (230).

Outre l'annulation fondée sur la régularité formelle, existe parallèlement la possibilité d'annulation sur le fond du droit (231). Voici des illustrations théoriques de ce second cas de figure : le texte appliqué n'était pas le bon ; quoique ce fût le bon, il aura été mal

---

bénéficiant de dispenses » (Arrêté du 28 avril 2022 fixant les conditions dans lesquelles un candidat au brevet de technicien supérieur [BTS] agricole peut obtenir des dispenses d'épreuves, art. 6).

229) Idem, article 5.

230) « *Le principe de légalité contraint l'Administration à respecter, dans son action, l'ensemble des règles de droit supérieures. Très nombreuses, ces dernières sont issues d'une multitude de sources provenant tant de l'ordre juridique français que d'organismes ou d'accords supranationaux* » (Jean GOURDOU, Le principe de légalité, Fiche pratique 3392, Lexis 360, 14 juin 2023).

231) Dans le délai du recours contentieux (deux mois), l'administration elle-même peut anéantir sa propre décision (décret ou arrêté). On parle alors de retrait administratif. Il survient à la demande d'un administré mécontent, ou du chef du décideur finalement conscient des faiblesses et inconvénients de la mesure. Son supérieur hiérarchique peut également retirer cet acte administratif litigieux. Il dispose effectivement d'un pouvoir de réformation des décisions des ses subordonnés. Encore qu'une hésitation puisse poindre à propos des notions de délégation de signature et de délégation de compétence.

interprété ; ou bien sa violation aura été directe, c'est-à-dire pure et simple.

Par exemple, le tribunal administratif de Lille (en 1997) aura vu une interprétation erronée dans le refus de délivrance d'un diplôme sous prétexte d'absentéisme (232). Car, « *l'assiduité n'était pas, au regard de la réglementation applicable au diplôme, au nombre des critères au vu desquels ce diplôme pouvait être délivré ou refusé* » (233).

9. – L'incompatibilité de l'assiduité avec l'accueil de candidats libres.

La grande place faite à la présence physique au sein d'une structure de formation devrait conduire à s'interroger sur les candidats libres, et à s'inquiéter pour eux. En effet, ils n'appartiennent à aucun établissement vers lequel se rendre assidument.

À cet égard, le baccalauréat 2020 les aura sacrifiés ; car ce diplôme aura alors été décerné sur la base des notes du contrôle continu (de la Terminale). Par ailleurs, la VAE (la validation des acquis de l'expérience) connaît un succès grandissant (234). Partant, se posera la question de savoir si tout grade universitaire pourrait s'obtenir par cette voie de traverse.

---

232) Bérénice JALLAIS, Les examens universitaires devant le juge administratif, *AJDA* 2001 p.736.

233) Tribunal administratif de Lille 28 janvier 1997, Hayat, req. n° 92-4667.

234) « *Instituée en 2002, la validation des acquis de l'expérience (VAE) s'est installée dans le paysage socioéconomique français avec un certain succès. Après les candidatures individuelles des débuts, le dispositif commence à être connu des salariés et de leurs employeurs, des associations s'y intéressent pour leurs bénévoles, les régions s'y impliquent, des branches professionnelles s'y engagent également. On peut déjà affirmer que la VAE n'est pas restée lettre morte, que le dispositif est utilisé* » (Pascal UGHETTO, Marie-Christine COMBES et Carole TUCHSZIRER, (Colloque sur) La validation des acquis de l'expérience entre dans les mœurs, La Revue de l'Ires 2007/3, n° 55).

La réponse positive peinerait probablement quelques enseignants soucieux de l'absentéisme des jeunes à former. Au fond, l'existence d'un grand nombre d'autodidactes remettrait (indirectement) en cause leur propre utilité de (créateurs et) passeurs de connaissances. Ils se découvriraient hélas comme remplaçables par des ordinateurs et des logiciels.

Plus généralement, quelles conséquences tirer de la multiplication d'offres de savoirs sur Internet ? On notera que, au contraire des établissements de formation classiques, les plateformes Internet mettent (gratuitement) à leur disposition divers cours ludiques et flexibles (235).

En tous cas, une expérimentation bientôt en cours vise à vérifier que l'on pourrait « *faire du contrat de professionnalisation le support de l'accès à la certification professionnelle, en associant la voie de l'alternance et celle de la VAE* » (236).

---

235) « *On peut dispenser largement la bonne parole à un vaste auditoire (et même par internet, au monde entier) ; on ne peut former efficacement que de petits groupes, ce qui condamne actuellement les licences universitaires à être de piètres centres de formation, notamment professionnelle* » (Hervé CROZE, Vive l'École ou l'Université ?, D. 2012. 747). Et puis, selon un ingénieur pédagogique, « *ceux qui réussissent sans passer par l'école sont toujours ceux qui sont socialement avantagés* » (Vincent CASANOVA, L'argent et l'absent, Vacarme 2010/3 (n° 52), pages 92-94).

236) Olivier DE MATTOS, La loi d'urgence relative au marché du travail, Cahiers de droit de l'entreprise n° 1, Janvier-Février 2023, act. 18. L'auteur précise qu'un service public (ou plus précisément un GIP) de la VAE a vu le jour. Grâce à une plateforme numérique celui-ci offrira un guichet unique aux candidats. Par ailleurs des simplifications dans l'accès seront apportées par des décrets en préparation.

LES ABSENCES LIÉES À D'AUTRES ENGAGEMENTS DE L'ABSENTÉISTE

Clotaire MOULOUNGUI
Maître de conférences hors classe à l'ULCO (académie de Lille)
Ancien Chef du Département Gestion des Entreprises et des Administrations
Responsable de la licence professionnelle Métiers de la Gestion et du Social

Résumé : Nul n'ignore l'existence des congés payés, cette période de cinq semaines durant laquelle le travailleur, quoiqu'indisponible pour son employeur, est néanmoins rémunéré par lui. D'autres maintiens du salaire, à une personne pourtant absente de son poste de travail, sont fréquents en France.

Mots clefs : congés payés ; autres congés ; articulation vie professionnelle et vie personnelle ; maintien du salaire ; retenue sur salaire.

Abstract: Everyone is familiar with the existence of paid leave, a five-week period during which a worker, although unavailable to their employer, is nevertheless paid by them. Other forms of continued pay, even if they are absent from their workstation, are common in France.

Keywords: paid leave; other leaves; work-life balance; continued pay; salary deduction.

1. – Les congés payés et les autres congés.

Selon toute vraisemblance, nul n'ignore l'existence des congés payés, cette période de cinq semaines durant laquelle le travailleur, quoiqu'indisponible pour son employeur, est néanmoins rémunéré par lui. D'autres maintiens du salaire à une personne pourtant absente de son poste de travail sont fréquents en France.

Si bien que le Code du travail leur consacre un chapitre entier, dont l'intitulé est *« Autres congés »*, par opposition au chapitre relatif aux *« Congés payés »*. En fait, deux sections contiennent ces *« Autres congés »*. L'une porte sur les *« Congés d'articulation entre la vie professionnelle et la vie personnelle et familiale (237) »* ; l'autre, sur les *« Congés pour engagement associatif, politique ou militant »* (238).

Les deux sections font par ailleurs l'objet de subdivisions, pour un exposé du détail des règles relatives à chacun des cas qui les composent.

2. – La diversité des autres congés.

Dans les fameux *« Autres congés »*, l'on découvre en particulier que l'employeur peut (parfois) légitimement différer la reconnaissance de l'absence promise au travailleur. Car lors de la période par lui

---

237) Code du travail, articles L3142-1 à L3142-35. Par exemple les congés relatifs aux examens prénataux (et de PMA) ; au congé de maternité ; au congé de paternité ; au congé d'adoption ; au congé parental d'éducation ; au congé d'accompagnement ou d'assistance d'un parent ; au congé pour mariage (personnel ou d'enfant) ; au congé pour décès d'un enfant ou d'un parent.

238) En voici les principales déclinaisons : Congé mutualiste de formation (articles L3142-36 à L3142-41) ; Congé de participation aux instances d'emploi et de formation professionnelle ou à un jury d'examen (articles L3142-42 à L3142-47) ; Congé pour catastrophe naturelle (articles L3142-48 à L3142-53) ; Congés de formation de cadres et d'animateurs pour la jeunesse, des responsables associatifs bénévoles, des titulaires de mandats mutualistes autres qu'administrateurs et des membres des conseils citoyens (articles L3142-54 à L3142-59) ; Congé de représentation ; Congé de solidarité internationale ; Congé pour acquisition de la nationalité (articles L3142-75 à L3142-78) ; Congés des salariés candidats ou élus à un mandat parlementaire ou local (articles L3142-79 à L3142-88) ; Réserve opérationnelle et service national (articles L3142-89 à L3142-101).

choisie (pour s'absenter) il serait indispensable à son poste de travail. De même, l'employeur n'est pas systématiquement tenu de verser le salaire (plus ou moins complet) au travailleur parti pour une activité secondaire. En outre, la durée et la fréquence de ces *« Autres congés »* se révèlent variables.

Nous n'effleurerons (dans cette première subdivision) que les cas relatifs à la participation syndicale, politique ou solidaire de l'absentéiste. Puis ceux liés à sa vie personnelle et familiale du travailleur seront invoqués plus loin ci-dessous.

Par exemple, le salarié désigné en vue de l'exercice de fonctions syndicales bénéficie d'un congé de formation économique, sociale et syndicale pouvant aller jusqu'à dix-huit jours par an (239). Pour le conseiller du salarié, c'est deux semaines par période de trois ans (240). Pour le défenseur syndical, c'est également deux semaines, mais cette fois par période de quatre ans (241).

Toutefois, relativement à la représentation, aura écrit un futur professeur, « *aucune durée minimale ou maximale n'est instituée, l'article L. 3142-42 du Code du travail prévoyant seulement que l'employeur accorde au salarié "le temps nécessaire pour participer aux réunions de ces instances"* » (242).

3. – Des congés de représentation indépendants des congés payés.

Le Gouvernement et le Parlement sont conscients de l'importance des corps intermédiaires dans la vie économique et sociale (243). Parmi

239) Code du travail, article L2145-1.

240) Code du travail, article L1232-12, alinéa 1.

241) Idem, article L1453-7 alinéa 1.

242) Romain MARIÉ, Fasc. 28-15 : Suspension du contrat de travail. – Applications, *JurisClasseur Travail Traité*, 28 Mars 2018, n° 92.

243) Contrairement au souhait initial des révolutionnaires de 1789, la France n'est finalement pas constituée d'une seule communauté : la Nation. Cette conception aura toutefois justifié l'abrogation des corporations et des

ceux-ci, l'on identifie aisément les syndicalistes, tandis que les autres acteurs de cet univers sont nettement moins connus (244).

Par exemple : les membres du Comité Social et Économique (le CSE) ; les juges (les conseillers) des conseils de prud'hommes ; les membres du Comité Économique, Social et Environnemental (CESE) ; etc. Des facilités sont reconnues à presque tous, de façon qu'ils œuvrent sans entraves infondées.

Ainsi, selon l'article L3142-60 du Code du travail, le salarié devant représenter même une association dans une instance (d'origine législative ou réglementaire) qui fonctionnerait auprès d'une autorité étatique ou territoriale, bénéficie de la part de son employeur du temps nécessaire à la participation aux réunions prévus. Le congé correspondant ne doit jamais être imputé sur les *« Congés payés »*, et sa prise peut être fractionnée en demi-journées (245).

D'ailleurs, s'il est généreux, *« l'employeur peut décider de maintenir [sa] rémunération en totalité ou en partie, au-delà de l'indemnité*

---

jurandes, de même ensuite que l'hostilité aux coopératives et aux syndicats (surtout de travailleurs). Depuis la loi de 1901, les individus ont le droit de se grouper en associations qui leur facilitent la vie ou leur permettent d'aider autrui. Les syndicats avaient été autorisés un peu plus tôt (Loi Waldeck-Rousseau, 1884). Sans les individus bénévoles de ces millions de groupements, il faudrait recruter un nombre équivalent de fonctionnaires pour remplir ces mêmes missions. Lorsque c'est dans le service public ces bénévoles oeuvrent, on les qualifie de collaborateurs occasionnels du service public (ou de l'administration). En revanche, du bénévolat dans une entreprise industrielle ou commerciale (laquelle est naturellement tournée vers le profit) confine au délit de travail dissimulé.

244) Code du travail, articles L3142-36 à L3142-104. Par exemple pour devenir : député, sénateur, conseiller municipal, conseil prud'homme, juré d'assises, responsable de parti politique, membre du comité social et économique, etc.

245) Code du travail, article L3142-62.

compensatrice [versée par le Trésor public]. Dans ce cas, les sommes versées peuvent faire l'objet d'une déduction fiscale [...] » (246).

4. – La décharge permanente d'activité et les autorisations ponctuelles d'absence.

Dans les services publics, il existe deux hypothèses où le syndicaliste est légitimement absent : la décharge d'activité de service, d'une part, et les autorisations spéciales d'absence, d'autre part.

D'après la cour administrative de Bordeaux (27 octobre 2014), les unes *« permettent à un agent public d'exercer, pendant ses heures de service, une activité syndicale aux lieu et place de son activité administrative »*. Les autres *« ont pour seul objet de permettre aux représentants des organisations syndicales, mandatés pour y assister, de se rendre aux congrès syndicaux ou aux réunions des organismes directeurs dont ils sont membres élus »* (247).

Le temps ainsi dégagé au profit de la défense des travailleurs (agents publics) est cependant du temps perdu pour le service. Effectivement, celui-ci subit alors un sous-effectif. Comme dit un professeur, *« la prise d'heures de délégation, à l'évidence légale et légitime, n'en crée pas moins une absence au poste de travail du délégué »* (248).

---

246) Code du travail, article L3142-61.

247) Cour administrative d'appel de Bordeaux, 27 octobre 2014, SDIS de l'Indre, *AJDA* 2015 p.140.

248) Jean-Emmanuel RAY, L'égalité et la décision patronale, *Droit social* 1990 p.83. En pratique, outre que l'intéressé doit parfois aller se former, il bénéficie de volumes d'heures pour chacun des mandats ; on parle d'heures de délégation. Cela lui permet de participer à diverses réunions, dont certaines sont d'ailleurs organisées par l'employeur lui-même. Du coup, il est fréquent que le salarié cumulard ne travaille plus qu'à mi-temps pour son employeur.

Faut-il ici se morfondre ou s'emporter à cause de cette situation d'indisponibilité profitable à une occupation annexe ? Réponse : ni l'un, ni l'autre. Il convient plutôt de relativiser cette situation d'absentéisme et ses effets éventuels, et donc les accepter stoïquement. C'est de la sorte que raisonne le peuple français ; aussi bien dans le secteur public que dans le secteur privé.

5. – Le pouvoir de l'employeur en matière d'autorisations d'absence.

Étant donné que l'employeur est associé aux possibilités d'absences de ses travailleurs, il serait curieux que le temps d'indisponibilité consécutif le surprenne. Un professeur fait justement observer que *« même si l'absence n'est pas prévue par un texte, elle sera légitime si l'employeur l'a autorisée »* (249).

Au fond, ce dernier se retrouve dans une position de *« juge et partie »*. Car il lui revient d'autoriser ou de refuser le congé. S'il cela ne tenait qu'aux employeurs peut-être de pareils congés n'existeraient-ils pas du tout. Heureusement, les autorités publiques leur indiquent une sorte de ligne de conduite.

En effet, énonce le Code du travail à plusieurs reprises : *« le bénéfice du congé peut être refusé par l'employeur s'il estime que cette absence est susceptible d'avoir des conséquences préjudiciables à la bonne marche de l'entreprise »*. Un bilan, entre les avantages voulus par l'absentéiste et les inconvénients craints par l'employeur, commandera donc un report.

Un tel report est ainsi expressément prévu pour quatre *« Autres congés »* (250). De plus, une grande entreprise dispose de beaucoup moins de

---

249) Romain MARIÉ, Fasc. 28-15 : Suspension du contrat de travail. – Applications, *JurisClasseur Travail Traité*, 28 Mars 2018, n° 86.

250) Article L3142-45 : Congé de participation aux instances d'emploi et de formation professionnelle ou à un jury d'examen ; Article L3142-51 : Congé pour catastrophe naturelle ; Article L3142-63 : congé de représentation ; Article L3142-69 : congé de solidarité internationale.

latitude pour dire non, car elle dispose de nombreuses solutions de rechange.

6. – Le refus de l'absence en cas de nécessité dans le service public.

Dans les trois fonctions publiques, une indication comparable se trouve dans une circulaire du 31 mars 2017. On y lit que : *« Les autorisations spéciales d'absence (A.S.A) permettent à l'agent de s'absenter de son service alors qu'il aurait dû exercer ses fonctions, lorsque les circonstances le justifient. Certaines autorisations spéciales d'absence sont prévues par la loi ou le règlement. Elles peuvent être de droit ou accordées sous réserve des nécessités de service »* (251).

Cela étant, quand et à qui refuser une absence ? L'employeur confronté au principe d'égalité hésitera à bon escient. Sans doute convient-il de préalablement établir un guide des autorisations d'absences. Ce qui permettra d'éviter à l'autorité administrative sollicitée d'user de son pouvoir discrétionnaire de façon arbitraire et erratique. On sait qu'un administrateur dispose généralement d'une compétence liée : il doit agir d'une façon donnée, du moment que les conditions prévues par un texte se présentent.

Mais parfois, le chef de service dispose d'un pouvoir d'appréciation beaucoup plus grand, lequel lui permet de concéder l'avantage sollicité ou de le refuser. On dit alors qu'il dispose d'un pouvoir discrétionnaire. Afin de s'éviter des errements et des reproches plus

251) Circulaire du 31 mars 2017, relative à l'application des règles en matière de temps de travail dans les trois versants de la fonction publique, point 1.2. Lydie DAUXERRE, La formation des membres du CSE, *La Semaine Juridique Social* n° 29, 21 Juillet 2020, 2081 : « *Les membres du CSE ont accès à des formations dont le législateur a pris soin d'imposer la présence* ».

ou moins fondés, l'idéal serait d'établir un descriptif des cas où l'avantage sera concédé (252).

C'est en l'occurrence un souci de s'obliger à respecter le principe de l'égalité, et non pas une volonté de fuir l'exercice de sa propre compétence.

7. – La saisine du juge pour le bénéfice de l'autorisation d'absence.

Le travailleur absolument désireux de se rendre disponible pour son activité parallèle dispose de la faculté de saisir le juge des référés (procédure accélérée du conseil de prud'hommes). Hormis le fond de l'affaire (autant qu'il soit possible en référé), le juge vérifiera si la décision écrite de refus qui aura été notifiée au travailleur aura été motivée. Il vérifiera aussi que la décision litigieuse aura été prise après l'avis consultatif du comité social et économique (253).

Dans un cadre similaire, une juridiction administrative avait décidé que : *« sur la demande de l'agent justifiant d'une convocation à l'une de ces réunions [congrès syndicaux ou organismes directeurs] et présentée à l'avance dans un délai raisonnable, l'administration doit, dans la limite du contingent éventuellement applicable, accorder cette autorisation en l'absence d'un motif s'y opposant tiré*

252) Thibault DESMOULINS, Les actes de gouvernement, entre pouvoir discrétionnaire et interdiction de l'arbitraire, Dr. adm. 2023, comm. 1.

253) Un avis consultatif est une obligation purement formelle pour l'employeur, lequel n'est nullement tenu de suivre le point de vue alors reçu. Oui, quand « *il s'agit d'un avis consultatif donné par le comité d'entreprise, l'employeur n'est pas tenu de se plier aux observations et recommandations du comité d'entreprise. L'employeur reste maître de sa décision. Il existe toutefois quelques exceptions légales où l'avis peut avoir un caractère contraignant* » (Quentin URBAN, Comité d'entreprise : rôle et attributions en matière économique, Répertoire de droit du travail, juillet 2020, n° 579).

des nécessités du service, qui ne saurait être utilisé pour faire obstacle à l'exercice de la liberté syndicale » (254).

L'autorité réglementaire envisage la question dans divers arrêtés, lesquels plafonnent la durée d'indisponibilité imposée à l'employeur (255).

8. – Le statut de permanent pour le représentant trop indisponible.

L'employeur ne peut hélas compter sur les syndicalistes et autres salariés assimilables qu'une partie du temps de travail. Son second problème est que la gestion de ce temps (en définitive) disponible relève de la gageure. Pourquoi ? Parce que le travailleur ne sera presque jamais disponible au moment voulu.

Comme dit encore le professeur précité, *« le départ en délégation est imprévisible et le volume d'heures utilisées extrêmement fluctuant, ce qui se révèle difficile à gérer en flux tendus ou sur une ligne »* (256). Au fond, les absences d'un représentant des salariés de son poste ne résultent pas seulement de la nécessité d'intervenir à l'extérieur de l'entreprise. Car au sein de celle-ci il y a diverses réunions d'ailleurs organisées par l'employeur lui-même.

En toutes hypothèses, afin de se préserver d'une incertitude dans ses plannings de production ou de livraison, notre employeur se résout à rendre l'intéressé libre et indisponible en continu. Concrètement,

---

254) Cour administrative d'appel de Bordeaux, 27 octobre 2014, SDIS de l'Indre, *AJDA* 2015 p.140.

255) Arrêté du 7 juillet 2021 relatif aux autorisations spéciales d'absence des représentants syndicaux personnels médicaux [...], article 1 : « [...]. *La durée des autorisations spéciales d'absence accordées à un même agent, au cours d'une année, ne peut excéder dix jours en cas de participation aux congrès ou aux réunions des organisations syndicales non représentées au Conseil supérieur des personnels médicaux, odontologiques et pharmaceutiques »*. C'est le double au cas contraire.

256) Jean-Emmanuel Ray, L'égalité et la décision patronale, *Droit social* 1990 p.83.

il lui permet de devenir permanent au profit de son syndicat. Le cas échéant, le travailleur sera donc payé sans travail directement utile à l'employeur.

Conformément à la loi (Code du travail), la jurisprudence tient scrupuleusement à ce maintien du revenu initialement prévu (257). C'est également le cas dans une autre indisponibilité qui, elle, présente probablement de l'intérêt pour l'employeur : l'absentéisme pour départ en formation professionnelle continue.

---

257) CASS. SOC., 03 mars 2021, N° de pourvoi : 19-18.150, société PSA automobiles. « *6. En application de l'article L. 4614-6, alors applicable, du code du travail, l'utilisation des heures de délégation ne doit entraîner aucune perte de salaire pour le représentant du personnel et lorsque les heures de délégation sont prises en dehors du temps de travail, en raison des nécessités du mandat, elles doivent être payées en plus des heures de travail. Il en résulte qu'en cas de dispense d'activité, il convient de se référer aux horaires que le salarié aurait dû suivre s'il avait travaillé et que ce dernier peut prétendre au paiement des heures de délégation prises en dehors du temps de travail résultant de son planning théorique. 7. La cour d'appel, qui, ayant constaté que l'employeur, auquel il appartient de fixer l'horaire de travail, n'avait pas défini les heures de travail théoriques du salarié placé en situation de dispense d'activité avec maintien de sa rémunération, de sorte que ce dernier était fondé à réclamer le paiement de ses heures de délégation, a, sans avoir à procéder à une recherche que ses constatations rendaient inopérantes, légalement justifié sa décision* ».

LE LIEN MEILLEUR ENTRE PARENTS ET ENFANT(S) GRÂCE AUX CONGÉS

Clotaire MOULOUNGUI
Maître de conférences hors classe à l'ULCO (académie de Lille)
Ancien Chef du Département Gestion des Entreprises et des Administrations
Responsable de la licence professionnelle Métiers de la Gestion et du Social

Résumé : Autrefois, des salariées en grossesse travaillaient quasiment jusqu'au jour de la délivrance ; au point de parfois accoucher dans la fabrique ou le magasin même où elles étaient employées. À l'époque, l'absentéisme et la paresse étaient mal tolérés.

Mots clefs : accouchement ; congé de maternité ; progrès social ; reprise rapide du travail.

Abstract: In the past, pregnant employees worked almost until the day they gave birth, sometimes even giving birth in the very factory or store where they were employed. At the time, absenteeism and laziness were poorly tolerated.

Key words: childbirth; maternity leave; social progress; rapid return to work.

Abstract: In the past, pregnant employees worked almost until the day they gave birth, sometimes even giving birth in the very factory or store where they were employed. At the time, absenteeism and laziness were poorly tolerated.

Key words: childbirth; maternity leave; social progress; rapid return to work.

1. – L'avènement d'un congé de maternité utilisable librement.

Autrefois, des salariées en grossesse travaillaient quasiment jusqu'au jour de la délivrance, au point de parfois accoucher dans la fabrique ou le magasin même où elles étaient employées. À l'époque, l'absentéisme et la paresse étaient mal tolérés.

À ce sujet, parlant de sa propre mère (en 2009), la Ministre de la Justice avait affirmé qu'après un accouchement, et malgré la charge d'une demi-douzaine d'enfants, celle-ci repartait aussitôt à son travail ménager (ou rémunéré). Il est vrai que cette ascendante avait essentiellement vécu au Maroc. Car, à l'inverse, la France avait déjà songé à un congé de maternité, d'ailleurs de plus en plus long, avant et après tout accouchement (258).

---

258) Depuis une quarantaine d'années, la juridiction suprême de l'Union européenne juge que le congé de maternité vise « *d'une part, la protection de la condition biologique de la femme au cours de sa grossesse et à la suite de celle-ci, jusqu'à un moment où ses fonctions physiologiques et psychiques sont normalisées à la suite de l'accouchement, et, d'autre part, la protection des rapports particuliers entre la femme et son enfant au cours de la période qui fait suite à la grossesse et à l'accouchement, en évitant que ces rapports soient troublés par le cumul des charges résultant de l'exercice simultané d'une activité professionnelle* » (CJCE, 12 juill. 1984, aff. C-184/83, Hofmann ; CJUE, 4 oct. 2018, aff. C-12/17, Dicu.). Jean-Philippe LHERNOULD, Avantages conventionnels réservés aux mères de famille : retour vers le futur - . - CJUE, 18 nov. 2020, aff. C-463-19, La Semaine Juridique Social n° 50, 15 Décembre 2020, 3106. Les contingences matérielles refreinent trop souvent la volonté des autorités publiques de reconnaître largement des repos et congés aux salariés. Au niveau européen, les mesures relatives à la protection, notamment celle de la

Au cas général de l'attente d'un seul bébé, la durée du congé s'étale sur une période de seize semaines qui, dit la loi, « *commence six semaines avant la date présumée de l'accouchement et se termine dix semaines après la date de celui-ci* » (259).

Cette bienveillance du législateur français (européen) peut néanmoins être contredite par la salariée elle-même, tout au moins si elle est appuyée par le gynécologue ou par la sage-femme qui suivrait médicalement sa grossesse (260). De sorte que l'arrêt de travail pourrait débuter seulement trois semaines avant la date présumée de l'accouchement.

---

femme en grossesse, ont ainsi parfois été accueillies avec scepticisme par les employeurs, voire par des politiques. Or « *l'analyse purement comptable passe sous silence les avantages de ces mesures tels que les effets en matière de santé, de fécondité et de réduction de la pauvreté des enfants* » (Maryline BRUGGEMAN, Vers un allongement radical du congé de maternité, Droit de la famille n° 12, Décembre 2010, alerte 84.).

259) Code du travail, article L1225-17, alinéa 1. En 2010, « *les députés européens ont choisi de la porter de quatorze à vingt semaines intégralement rémunérées – 100 % du dernier salaire mensuel ou du salaire mensuel moyen, au minimum égal au taux de paiement des congés de maladie. Sur ce point, la solution choisie par le Parlement se démarque des recommandations qui avaient pu être formulées par le passé – l'OIT comme la Commission avaient suggéré une durée de dix-huit semaines* » (Maryline BRUGGEMAN, précitée).

260) En Allemagne, à compter de janvier 2018, « *les limitations relatives au travail des femmes enceintes ont été assouplies. En effet, celles-ci auront la possibilité de travailler davantage jusqu'à la naissance de l'enfant ainsi que le dimanche ou les jours fériés. Il en est de même pour les heures de travail en soirée. En principe, il reste interdit de faire travailler une femme enceinte ou allaitante entre 20 heures et 6 heures. Toutefois, à compter de 2018, une femme enceinte pourra travailler de 20 heures à 22 heures si elle l'accepte et s'il n'y a aucune contre-indication médicale. Il faudra, par ailleurs, faire une demande d'autorisation auprès de l'Administration du travail. Le silence de l'Administration dans un délai de 6 semaines vaudra acceptation* » (Delphine RUDELLI et Lucile UHRING, À l'international, La Semaine Juridique Social n° 38, 26 Septembre 2017, act. 257).

Le congé total ne s'en trouve pas pour autant réduit, puisque le temps pendant lequel la parturiente sera restée en activité lui sera restitué par allongement de la période de congé post-accouchement. Cette seconde période dépassera par conséquent les classiques dix semaines (261).

Mais les personnes hostiles à la durée (trop longue) du congé de maternité en concluent que si certaines femmes parviennent à se contenter de trois semaines d'arrêt, presque toutes les autres le pourraient aussi. Sauf, cependant en cas de grossesse pathologique.

2. – La neutralité de l'absentéisme sur le salaire en cas d'examens prénataux.

La salariée en grossesse doit se soumettre à des examens médicaux obligatoires destinés à préserver la grossesse et sa personne, notamment des suites de couches (262).

Aux termes de la loi, les autorisations d'absence dont elle bénéficie alors *« n'entraînent aucune diminution de la rémunération et sont assimilées à une période de travail effectif pour la détermination de la durée des congés payés ainsi que pour les droits légaux ou conventionnels acquis par la salariée au titre de son ancienneté dans l'entreprise »* (263).

La générosité législative est aussi reconduite au profit de la femme en parcours d'assistance médicale à la procréation, ainsi qu'à son mari ou à son compagnon (264).

---

261) Code du travail, article L1225-17, alinéa 2.

262) Code du travail, article L1225-16, alinéa 1.

263) Code du travail, article L1225-16, alinéa 4.

264) Il s'agit de trois autorisations d'absence pour se rendre aux trois examens obligatoires de la femme en grossesse ou pour se rendre aux actes médicaux inhérents à chaque protocole de la PMA. Cf. Code du travail, article L1225-16 alinéas 2 et 3.

3. – La diminution vraisemblable du revenu de la femme en congé de maternité.

L'employeur est moyennement perdant en conséquence de l'absentéisme d'une parturiente. Car le contrat de travail (de la salariée, et non pas de l'agent public) étant alors suspendu, l'employeur n'a pas à la rémunérer.

Des indemnités lui adviennent de la part de la Sécurité sociale (265). Encore que la période du congé s'intègre dans l'ancienneté de la salariée ; les seize semaines du congé étant en effet assimilées à une période de travail effectif (266).

Dans une affaire jugée par la CJUE, MADAME GASSMAYR poursuivait le ministère fédéral allemand des Sciences et de la Recherche (le *"Bundesminister"*). La raison est que lui avait été refusé le maintien de l'indemnité pour astreinte sur le lieu de travail. Certes, elle était dispensée de cette obligation de disponibilité, pour état de grossesse.

Elle protestait plus généralement d'avoir subi des limitations dans son activité professionnelle ; d'abord, parce qu'elle était enceinte ; puis, parce qu'elle était en congé de maternité. Cette femme a toutefois été déboutée (267).

---

265) « *Au 1er janvier 2023, le montant maximum de l'indemnité journalière maternité est de 95,22 € par jour avant déduction des 21 % de charges (CSG et CRDS)* » (https://www.ameli.fr/assure/remboursements/indemnites-journalieres-maladie-maternite-paternite/conge-maternite-salariee).

266) Code du travail, article L1225-24, alinéa 2.

267) Car de l'interprétation de l'article 11, points 1 à 3, de la directive 92/85/CEE du 19 octobre 1992, il est apparu que cette directive « *ne s'oppose pas à une réglementation nationale prévoyant qu'une travailleuse enceinte dispensée provisoirement de travailler en raison de sa grossesse ou en congé de maternité a droit à une rémunération équivalente au salaire moyen qu'elle a perçu au cours d'une période de référence antérieure au*

4. – L'absence du poste de travail en vue d'allaiter son bébé.

La possibilité d'allaiter son bébé exige que l'employeur concède à la nouvelle maman une heure de temps pendant chaque journée de travail. De sorte qu'au lieu d'une semaine de travail de 35 heures, la femme allaitante ne demeure à la disposition de son employeur que durant 30 heures (268).

Dans son texte, le législateur a songé à cent femmes comme effectif dans l'entreprise conséquemment soumise à ce dispositif facilitateur de l'allaitement. Peu importe que certaines de ces femmes aient peut-être dépassé l'âge de procréer (269). L'employeur se satisfera toutefois de ce qu'il ne s'agisse pas de 30 heures de travail payées 35 heures (comme si c'était...).

Paradoxe supplémentaire, certaines mères n'ont pas envie d'allaiter, tandis que d'autres ne le peuvent point (pour diverses raisons physiologiques ou pratiques). Les deux catégories bénéficient

---

début de sa grossesse ou de son congé de maternité, à l'exclusion de l'indemnité pour astreinte sur le lieu de travail » (CJUE, 3e ch., 1er juill. 2010, aff. C-194/08, Gassmayr c/ Bundesminister).

268) Code du travail, article L1225-30. Se pose logiquement la question du découpage éventuel de cette heure dans la journée. La salariée pourrait ainsi arriver une heure plus tard que ses collègues ou repartir chez elle une heure avant. Les choses sont certainement plus simples lorsque la distance entre le domicile et le travail n'est pas long. Certes, le Code du travail prévoit que « *salariée peut allaiter son enfant dans l'établissement* » (art. L1225-31). Mieux, lorsque l'employeur a « *cent salariées* », il devrait songer à un local d'allaitement au sein ou près de l'établissement (art. L1225-32).

269) Selon madame BRUGGEMAN, les protectrices règles européennes « *ne garantissent nullement l'embauche des femmes en âge de procréer ! Les employeurs ne se montreront-ils pas désormais réticents à leur égard ? Ce risque, qui n'est pas clairement écarté par les études d'impact réalisées, a été dénoncé par certains députés européens* » (Vers un allongement radical du congé de maternité, Droit de la famille n° 12, Décembre 2010, alerte 84).

pourtant des cinq heures de réduction du temps hebdomadaire de travail.

À l'inverse, quelques femmes (peut-être poussées par des ligues de vertu) envisagent d'allaiter leur bébé jusqu'à ses trois ans. La loi n'y est pas sensible, limitant la période d'allaitement à la première année de l'enfant (270).

5. – L'absentéisme des femmes (et des hommes) pour enfant malade.

L'existence d'enfants dans son foyer apparaît comme une cause fréquente d'absence au travail. Car l'enfant souffrira peut-être d'une maladie à cause de laquelle sera sollicité un congé pour maladie (271).

Selon des données (désormais anciennes) de l'Europe des Quinze (mais sans la Suède), une probabilité plus élevée d'absentéisme serait liée à la parenté d'enfants très jeunes (moins de trois ans). Ce sont alors les femmes qui rateraient leur activité professionnelle en vue de l'accompagnement de l'enfant malade. Les auteurs de l'étude ont toutefois été décontenancés par l'exception autrichienne ; en effet, la maladie de l'enfant ne semblait pas représenter un facteur d'absentéisme de la mère (272).

---

270) Code du travail, article L1225-30. Au-delà du premier anniversaire de l'enfant, la femme ne devrait plus pouvoir prétexter l'allaitement du nouveau-né pour travailler moins que ses collègues.

271) Code du travail, article L1225-61 à L1225-65-2. Il s'agit de dispositions réglementant soit le congé pour enfant malade (art. L1225-61), soit le congé de présence parentale (art. L1225-62 à L1225-65-2).

272) Sabine CHAUPAIN-GUILLOT and Olivier GUILLOT, Les déterminants individuels de l'absentéisme au travail : Une comparaison européenne, *Revue économique,* Vol. 62, No. 3, développements récent de l'analyse économique : LVIXe congrès annuel de l'Association française de science économique, 2010 (Mai 2011), pp. 419-427, Sciences Po University Press, https://www.jstor.org/stable/27975875.

Il n'empêche que l'on se convainc intuitivement que l'absentéisme des mères s'explique par une difficulté de concilier vie professionnelle et vie familiale. En vérité, le taux d'absentéisme féminin n'augmente que si la mère ne vit pas en couple (273).

Un auteur soutient même que *« la relation entre les responsabilités familiales et l'absentéisme [des mères] n'est pas clairement établie »* (274).

6. – Le déterminisme social à propos de la garde de l'enfant malade.

Même si les deux parents vivent ensemble, il n'est pas encore socialement admis que l'homme reste à la maison avec son enfant malade. Sans doute est-ce une question de virilité et de répartition millénaire des tâches (275).

---

273) DARES, Les risques psychosociaux accroissent l'absentéisme, *DARES* Analyses n° 009, février 2013 ; *La Semaine Juridique Social* n° 9, 26 Février 2013, act. 102. Sur plusieurs années (2003-2011), et sur une même semaine de référence, l'INSEE a procédé à des comparaisons. Il a constaté que, pour des raisons de santé de soi-même ou de son enfant, 3,6 % des salariés ont été absent de leur travail pendant au moins une heure de temps. C'était quasiment 3,8 % en 2003, en 2009 et 2011 ; et 3,5 % en 2006, en 2007 et en 2008. L'organisme public affirme qu'une certaine incidence résulte en l'occurrence de l'âge des intéressés, de leur sexe, du contrat de travail qu'ils ont, de leurs conditions de travail, leur catégorie professionnelle et leur exposition aux risques psychosociaux.

274) Gregor BOUVILLE, Absentéisme et conditions de travail au féminin : Une frontière méconnue au sein des organisations, RIMHE : *Revue Interdisciplinaire Management, Homme & Entreprise* 2014/2 (n° 11), p. 3-22. DOI 10.3917/rimhe.011.0003. D'autres chercheurs [parmi lesquels se range cet auteur] mettent plutôt en évidence des facteurs lies au fonctionnement du lieu de travail : organisation, conditions, relations, ressources.

275) Selon Guy GAUDREAU, les mineurs (Canadiens) liaient étroitement leur masculinité « *à leur rôle de gagne-pain* ». Précisément, ajoute-t-il « *c'est peut-être face à une épouse gestionnaire du budget familial qu'une absence*

En tous cas, l'homme résolument moderne (qui voudrait assurer le nursing de son enfant malade) pourrait vite se retrouver confronter à sa propre incapacité en matière de puériculture. Car l'on ne peut s'improviser gardien d'enfants, quoique cette habileté ne soit pas non plus inné chez la femme (276).

Mais, les femmes finissent par l'acquérir, par imitation et par improvisation. Ce sont les femmes qui, après leur journée de travail, s'occupent ensuite des enfants communs. Cette situation désole, déjà que, pour leur journée de travail, elles gagnent moins que leurs collègues masculins, même pour un travail identique.

Dès lors, un simple calcul économique, les conduit à conclure que si un salaire doit être perdu, il faut que ce soit le plus faible des deux, c'est-à-dire celui de la femme. Conclusion : rester avec l'enfant malade découlerait à la fois d'une obligation économique et d'une obligation sociale.

7. – Le plafonnement annuel de l'absentéisme par enfant malade.

La durée d'indisponibilité pour maladie de l'enfant est plafonnée à trois jours par an, au cas général, et à cinq jours en cas de pluralité d'enfants (277). L'employeur n'a donc pas à craindre que par cette

---

volontaire au travail, non compensée par des gains supplémentaires, pose le plus de difficultés » (Les absences au travail dans les mines de Kirkland Lake, 1927-1943: congés, fins de semaine et vacances annuelles, Source: Labour / Le Travail, Vol. 62 (Fall, 2008), pp. 51-78, Canadian Committee on Labour History and Athabasca University Press, https://www.jstor.org/stable/25149895).

276) Élisabeth BADINTER, *L'amour en plus, Histoire de l'amour maternel du XVIe siècle au XXème siècle*, Flammarion 1982. Selon l'auteure, l'amour n'est pas inné. C'est une construction sociale.

277) Code du travail, article L1225-61, alinéa 2 : « *Elle est portée à cinq jours si l'enfant est âgé de moins d'un an ou si le salarié assume la charge de trois enfants ou plus âgés de moins de seize ans* ». Une convention collective peut se montrer plus généreuse et rallonger ce congé.

voie (du congé pour enfant malade) le travailleur s'octroie régulièrement des jours de repos.

Du reste, outre qu'il doit s'agir d'un enfant dont ce travailleur assumera la charge (et pour lequel il aura vocation à percevoir des allocations familiales), ledit enfant sera un mineur de 16 ans au plus ; et son problème médical (maladie ou accident) sera attesté par un certificat médical (278).

Plus encore, le congé pour maladie de l'enfant ne donne pas lieu à un maintien du salaire. Il s'ensuivra une perte de salaire, heureusement atténuée par la neutralité du congé sur l'ancienneté, et donc sur les droits correspondants. Ou bien, plus encore, elle sera neutralisée par le bénéfice de dons de jours de repos de la part de collègues bienveillants (279).

Au reste, il se pourrait que le parent désespéré s'achète de tels dons, à l'occasion cependant d'un concert frauduleux (280).

---

278) Code du travail, article L1225-61, alinéa 1.

279) Code du travail, article L1225-65-1 à L1225-65-2. Selon l'alinéa 3 du premier de ces articles, le salarié bénéficiaire du don de congé « *bénéficie du maintien de sa rémunération pendant sa période d'absence. Cette période d'absence est assimilée à une période de travail effectif pour la détermination des droits que le salarié tient de son ancienneté. Le salarié conserve le bénéfice de tous les avantages qu'il avait acquis avant le début de sa période d'absence* ». Cet enfant pourrait être un majeur de 25 ans. Cf. Julien COUARD, Don de jours de congé non pris à des proches aidants de personnes âgées ou handicapées, *Droit de la famille* n° 4, Avril 2018, alerte 29. Décret n°2021-259 du 9 mars 2021 élargissant au bénéfice des parents d'enfants décédés le dispositif de don de jours de repos non pris.

280) Notre cas d'école suppose un plutôt bien payées par l'employeur. En sollicitant des dons de jours auprès de salariés moins bien lotis, il pourrait les rémunérer (les dédommager) tout en limitant sa perte prévisible de salaire. Une pareille escroquerie s'envisage pus facilement à l'initiative d'un cadre démarchant de simples employés.

8. – La facilitation des congés familiaux par un revenu de remplacement.

Le droit social européen est favorable au bénéfice de congés par les travailleurs, de façon que ceux-ci puissent jouer leur rôle de parents ou d'aidants (281). Le souci d'un équilibre entre vie professionnelle et vie privée a ainsi conduit à l'adoption d'une directive (nouvelle) qui confirme cette orientation (282).

Cette directive suggère simplement la mise en place de revenus de remplacement. Il est facile de deviner que le congé correspondant sera essentiellement sollicité dans les États où existera un tel revenu. Car les travailleurs qui ne peuvent se passer du salaire risqueront de demeurer au travail, malgré l'appel pressant de leurs obligations morales de la vie privée.

En d'autres termes : *« Le frein pour accéder à ce congé reste économique. Hormis l'hypothèse de don de jours de repos, le congé proche aidant est un congé "sans solde" [ainsi que le recrutement par le parent] »* (283).

---

281) Floriane MAISONNASSE, Pas de subordination du droit au congé parental au statut de travailleur du parent à la naissance de l'enfant, *Droit de la famille n°* 4, Avril 2021, comm. 66.

282) Cette directive 2019/1158 est censée produire ses effets à compte du 02 août 2022 ; ce qui suppose que les États membres auront bien voulu la transposer dans leur droit interne.

283) Alexis BUGADA, La reconnaissance juridique des proches aidants, *La Semaine Juridique Social* n° 48, 4 Décembre 2018, 1387. « *Un salarié, un fonctionnaire qui souhaite assister un proche peut, dès lors que ce dernier est malade, handicapé ou dépendant, solliciter un des trois congés auquel il a le droit. La proximité de leur régime juridique plaide incontestablement en faveur de leur fusion pour les convertir en un congé universel. Les travailleurs, salariés ou indépendants, qui ont cessé ou réduit leur activité professionnelle sont susceptibles de percevoir une des trois prestations qui sont destinées à compenser partiellement la perte de revenus professionnels. Tout comme les différents congés, se pose la question de leur fusion en une allocation universelle d'accompagnant* » (Romain MARIÉ, Vers un congé et une prestation universels d'accompagnant ? RDSS 2021. 538).

D'un autre côté, le parent pourrait bénéficier jusqu'à trois cent dix jours ouvrés de congé si l'enfant *« est atteint d'une maladie, d'un handicap ou victime d'un accident d'une particulière gravité rendant indispensables une présence soutenue et des soins contraignants »*.

On parle alors de congé de présence parentale. D'un commun accord avec l'employeur, le salarié travaillera alors à temps partiel, ou pourrait plutôt fractionner sa prise de congé. Pour faciliter l'organisation de son employeur, le salarié s'efforcera de l'informer à l'avance (284). L'absence durera une demi-journée ou bien davantage.

9. – La prise forcée de congés familiaux par les hommes aussi.

Les paragraphes ci-dessus parlent génériquement du travailleur (et comprennent donc femmes et hommes). En réalité, il convient plutôt de songer aux femmes. Ce sont effectivement les mères qui s'arrêtent de travailler en vue de s'occuper (sans salaire) de l'enfant ou des enfants (285).

---

284) « *En cas de dégradation soudaine de l'état de santé de l'enfant ou en cas de situation de crise nécessitant une présence sans délai du salarié, ce dernier peut bénéficier de ce congé immédiatement* » (Code du travail, art. L1265-63, alinéa 2).

285) Une convention collective peut alors s'efforcer de compenser une telle situation. Mais vainement parfois, en cas de contestation juridictionnelle. On peut ainsi lire dans une chronique que : « *en réservant le congé aux mères qui élèvent elles-mêmes leur enfant, la convention collective ne suit pas la prescription de la CJUE selon laquelle le congé doit être accordé à toutes les femmes pour pouvoir être directement liées à la protection de la condition biologique et psychologique de la femme. La condition d'éducation sans recours à un service de garde trahit la finalité éducative du congé. S'il était besoin d'autres arguments, le congé conventionnel, qui peut aller jusqu'à 2 ans et 3 mois, est, comme le souligne la CJUE, d'une durée maximale trop longue (« durée [qui] peut ainsi être très largement supérieure à celle du congé légal de maternité ») pour pouvoir avoir un lien*

Dès lors, le congé de paternité et d'accueil de l'enfant constitue une occasion renouvelée pour les maris et concubins (essentiellement) de délaisser le travail rémunéré, au profit d'une présence désintéressée aux côtés de leur femme et du nouveau-né (286). À ce sujet, une interdiction d'emploi du parent durant environ un mois pèse sur l'employeur (287) ; celui-ci sera supposé être au courant de la naissance (288). Cette période d'indisponibilité obligatoire ne tient pas compte du congé de naissance par ailleurs reconnu au père ou, à défaut, au conjoint ou au concubin ou au partenaire de Pacs de la mère (289). Le père adoptif est par ailleurs invité à se rendre disponible pour l'enfant pour *« seize semaines au plus à dater de*

---

suffisant avec la protection de la maternité » (Jean-Philippe LHERNOULD, Avantages conventionnels réservés aux mères de famille : retour vers le futur, CJUE, 18 nov. 2020, aff. C-463-19, *La Semaine Juridique Social* n° 50, 15 Décembre 2020, 3106).

286) Depuis juillet 2017, en cas de naissance d'un enfant de nationalité Singapourienne de parents légalement mariés, les contours du congé parental partagé ont été modifiés. Jusque-là, la femme pouvait octroyait à son conjoint l'une de ses 16 semaines de congé de maternité rémunéré. La durée en a été portée à 4 semaines, à prendre avant le premier anniversaire de l'enfant, d'un coup ou par période d'au moins une semaine. L'indemnisation gouvernementale de ce congé ne dépasse pas 1619 euros. Cf. Delphine RUDELLI et Lucile UHRING, À l'international, *La Semaine Juridique Social* n° 38, 26 Septembre 2017, act. 257).

287) Code du travail, article 1225-35, alinéa 1. Le texte prévoit, pour un enfant, un congé « *de vingt-cinq jours calendaires ou de trente-deux jours calendaires en cas de naissances multiples* ».

288) Selon une jurisprudence constante de la Cour de cassation, « *les formes prévues par l'article [...] R1225-1 du Code du travail, d'un certificat médical attestant son état de grossesse et la date présumée de l'accouchement ne constitue pas une formalité substantielle* » (CASS. SOC., 9 juill. 2008, n° 07-41.927, F-P+B, SNC Interdis c/ Hervo, note Catherine Puigelier, Forme et portée de la notification d'un état de grossesse, La Semaine Juridique Social n° 38, 16 Septembre 2008, 1483.).

289) Code du travail, article L3142-1, 3°. Article L3142-4, 3° : « *Trois jours, pour chaque naissance. Cette période de congés commence à courir, au choix du salarié, le jour de la naissance de l'enfant ou le premier jour ouvrable qui suit* ».

l'arrivée de l'enfant au foyer » (290). Dans sa décision du 25 février 2021, la CJUE (affaire C-129-20) rappelle que « *le droit individuel de chaque parent travailleur à un congé parental en raison de la naissance ou de l'adoption de l'enfant est un droit social de l'Union, inscrit dans la Charte des droits fondamentaux. Il ne peut être interprété restrictivement* » (291).

10. – Le préavis à l'employeur pour le congé de naissance ou de paternité.

Le législateur veille à ce que l'employeur puisse se réorganiser consécutivement au congé de naissance ou au congé de paternité (292). Un délai de prévenance doit ainsi être observé par le demandeur de ces congés obligatoires pour l'employeur (293).

De fait, le congé de paternité (25 jours) se subdivise en une première période (4 jours) et en une seconde (21 jours). La période initiale de

290) Code du travail, article L1225-37, alinéa1. On lit dans l'alinéa suivant que quand le salarié se retrouvera père de plusieurs enfants du fait de l'adoption, son congé dure alors dix-huit semaines (trois enfants). Par ailleurs, la durée est portée à vingt-deux semaines en cas d'adoption multiples.

291) Floriane MAISONNASSE, Pas de subordination du droit au congé parental au statut de travailleur du parent à la naissance de l'enfant, *Droit de la famille n°* 4, Avril 2021, comm. 66.

292) L'article 2 de a directive 92/85/CEE du 19 octobre 1992, énonce dans son point a) que la "travailleuse enceinte" est « *toute travailleuse enceinte qui informe l'employeur de son état, conformément aux législations et/ou pratiques nationales* ». C'est la directive concernant la mise en œuvre de mesures visant à promouvoir l'amélioration de la sécurité et de la santé des travailleuses enceintes, accouchées ou allaitantes au travail.

293) Code du travail, article L1225-35, alinéa 4, une demande faite deux mois avant la date prévisionnelle de l'accouchement paraît l'idéal ; il n'empêche que quinze jours avant représentent encore un délai raisonnable.

quatre jours est protégée par la même interdiction d'emploi que les trois jours du congé de naissance (294).

Pour être sûr que le père s'interrompra, et donc disposera vraiment du temps allouée, la loi interdit que ledit congé soit fusionné (et donc éteint) par une éventuelle période de congés payés ou de congé pour évènement familial (295).

11. – L'absence au travail du parent en congé d'éducation.

Les deux parents ont droit à des congés d'éducation des enfants (296). Ceux-ci regroupent deux variantes de congés : le congé parental d'éducation ou CPE (297) ; et les congés pour enfant malade (298).

Le CPE prend généralement le relai du congé de maternité ou d'adoption. L'employeur doit alors, pendant éventuellement une année entière, se passer des services du salarié. Encore que, au cas général, deux prorogations soient envisageables ; jusqu'aux trois ans de l'enfant (299).

---

294) Code du travail, article L1225-35-1, alinéa 1. L'alinéa 3 de cet article précise toutefois que : « *L'interdiction d'emploi ne s'applique pas pour le congé mentionné au troisième alinéa de l'article L1225-35 [congé de paternité] lorsque le salarié ne peut pas bénéficier des indemnités et allocations versées dans les conditions prévues à l'article L. 331-8 du code de la sécurité sociale ou par d'autres dispositions législatives ou réglementaires* ». La mère perçoit déjà cette indemnité journalière prévue quelques articles plus haut (L331-3).

295) Code du travail, article L1225-35-1, alinéa 2. Romain LAULIER, Une interprétation exégétique des dispositions relatives au congé de paternité, Gaz. Pal. 3 juin 2010, p. 14.

296) Code du travail, article L1225-47 à L1225-68.

297) Code du travail, article L1225-47 à L1225-59.

298) Code du travail, article L1225-61 à L1225-65-2.

299) Code du travail, article L1225-48, alinéa 3 : « *En cas de naissances multiples, le congé parental d'éducation peut être prolongé jusqu'à l'entrée à l'école maternelle des enfants. Pour les naissances multiples d'au moins*

Le parent peut cependant à la fois se libérer pour son enfant, et travailler quand même parallèlement. C'est le passage au travail à temps partiel. Au moins un mois à l'avance, l'employeur doit être informé du choix du parent, entre la réduction du temps de travail et l'arrêt complet de travail (300).

Dans la pratique, le départ et le retour du salarié bénéficiaire du CPE ne respectent pas forcément les délais de prévenance. D'autant plus que la loi n'assortit pas de sanctions l'éventuel manquement à l'encontre de l'employeur. En revanche, celui-ci est passible d'un versement de dommages-intérêts au salarié injustement privé d'un congé susceptible de lui permettre de renforcer ses liens familiaux, notamment avec son nouveau-né (301).

---

trois enfants ou les arrivées simultanées d'au moins trois enfants adoptés ou confiés en vue d'adoption, il peut être prolongé cinq fois pour prendre fin au plus tard au sixième anniversaire des enfants ».

300) Code du travail, article L1225-50 : « *Lorsque cette période [de CPE] suit immédiatement le congé de maternité ou le congé d'adoption, le salarié informe l'employeur au moins un mois avant le terme de ce congé. Dans le cas contraire, l'information est donnée à l'employeur deux mois au moins avant le début du congé parental d'éducation ou de l'activité à temps partiel* ».

301) Code du travail, article L1225-71 : « *L'inobservation par l'employeur des dispositions des articles L. 1225-1 à L. 1225-28 et L. 1225-35 à L. 1225-69 peut donner lieu, au profit du salarié, à l'attribution d'une indemnité déterminée conformément aux dispositions de l'article L. 1235-3-1* ».

www.ingramcontent.com/pod-product-compliance
Lightning Source LLC
LaVergne TN
LVHW082231051026
849532LV00012B/3951
9782487740167